スピリチュアル メッセージⅢ

愛することの真理

江原啓之

JN075626

祥伝社黄金文庫

まえがき

あなたは、「真の愛」とは何か、と考えたことはありませんか?

日本人は元来、おくゆかしい国民性のためか、「愛」という言葉を安易には使いませんでした。しかし近年になって、日本中のいたるところで「愛」という言葉が日常的に飛び交うようになっています。これも西洋文化の浸透ゆえなのでしょう。けれども私には、「愛」という言葉が、この日本に限らず、安易に使われすぎているように思われてなりません。それどころか誤用されていることも多いようです。

このような現状があるのも、「愛」という言葉の定義が、しっかりとなされていないためではないかと思うのです。

私はこれまで十五年もの間、多くの方々の悩み相談に耳を傾けて参りました。今では雑誌やテレビ、ラジオなどでも、さまざまな人生相談を受けております。

その中で、しばしば気になる言葉に出会います。それは、実に多くの相談者が語る「私は相手をこれだけ愛しているのに」という言葉です。この言葉を聞くたび、私は疑問に思うのです。果たしてそれが「真の愛」と呼べるのだろうかと。

私がこの二十年間学んできたスピリチュアリズムの理論に照らしてみれば、「真の愛」には悩みやトラブルといった問題は生じないはずなのです。何かが生じたとしても、すべては学びや気づきであるはずなのです。それを単なる悩みやトラブルとしかとらえられないのは、人が実に物質的な観点に陥ってしまっている証《あかし》です。

あなたにも今までに、愛するがゆえに傷ついたと思った経験はありませんか。もしあったとすれば、本書を読むうちに気づくことでしょう。傷ついた原因は、「真の愛」の定義を持たないままに、「愛」を考えていたためであったのだと。

この本の著者は、正確に言うと、「私」であって「私」ではありません。

前書と同じく、私の指導霊《ガイド・スピリット》であり、良き助言者でもある昌清霊《まさきよれい》のメッセージを、私の肉体を通してお伝えしたものです。

つまり、この本に記された言葉は、霊界から届いた純然たるたましいの言葉、真のスピリチュアルメッセージなのです。

「真の愛」とはいったい何か。

人生のさまざまな問題をどう解決するのが、「真の愛」のある生き方なのか。

今まさにそうした疑問を抱きながら、本書を手にした方もいらっしゃるでしょう。

また、定義なき愛に傷つき、悩み、絶望感をお持ちの方もいらっしゃいましょう。

そのようなとき、どうかこの本を何度でも開いてみて下さい。

きっとあなたの疑問に、理解の光が注がれることでしょう。

それをどう受け止め、人生にどう反映させるかは、人生の主人公であるあなた自身の「思い」しだいです。


本書では、家族愛、恋愛などの身近な愛から、人類愛といった広い愛にいたるまで、人生に起こり得るさまざまな愛にまつわる問題をとりあげています。そしてまた、既刊『スピリチュアルメッセージⅠ・Ⅱ』の読者の皆さまより寄せられた質問状の一部も、本書の昌清霊への質問に反映させていただいています。

巻末には、読者の皆さまのご理解をより深めるために、まことに僭越《せんえつ》ながら、私自身の解説も加筆させていただきました。

この本を読まれることで「真の愛」の意味に気づかれ、あなた自身の人生が「真の愛」に満ちあふれますようにと、心より願っております。

江原啓之

本書を読まれる前に

本書の内容について

本書は江原啓之氏とその指導霊《ガイド・スピリット》である昌清霊《まさきよれい》との交霊会の記録をまとめたものです。指導霊とは、みなさんがよくご存じの守護霊のなかのひとりで、職業や才能、趣味を指導しています。

昌清霊（昌清之命《まさきよのみこと》）は戦国の世に生き、もともと京都御所護衛の職にある武士で、のちに出家をし、修験道《しゆげんどう》の行を積み、加持《かじ》による治療に長《た》けていた人でした。

江原氏と昌清霊の交信は約20年前から始まり、その間約2年の期間を除いて、現在まで数多く行われています。

交霊会では、まず参加者全員で「聖フランチェスコの祈り」を唱え、しばらくの間精神統一をしてから江原氏を通して語られる昌清霊の言葉を待ちます。交霊後、それぞれの参加者の質問に対して、江原氏を通して昌清霊の言葉が語られていきます。

本書の言葉の使用法について

実際に江原氏を通して語られる言葉のなかには、今では使われなくなったものが混じっています。

明らかに意味が伝わりにくいものについては、現代の言葉に置き換えましたが、読んで意味がわかるものについてはそのままにしました。

スピリチュアルメッセージⅢ
愛することの真理
——目次

第2章 愛の学びのかたち
――人生の中でくり返される出会いと別れの意味

第3章 叡智に至る道

――今ある日常から一歩ずつ神の光に近づくために

応用編

『愛』についての34のメッセージ——江原啓之 解説

装丁 盛川和洋

はじめに——「大我の愛」「小我の愛」について

■この世の「愛」は二つに大別される

「愛」とは何ですか——。本書の第1章は、私たちの人生の永遠のテーマとも言える、この根源的な問いから始まっています。

これに対し昌清霊《まさきよれい》は、「愛」を考える際には大前提がある、と答えます。それは、この世で語られる「愛」は、「大我《たいが》の愛」と「小我《しょうが》の愛」という、まったく異なる二つに大別される、というものです。

そこでまず、本文をお読みいただく前に、昌清霊に代わって私から、読者の方々には耳慣れないであろう本書のキーワード、「大我の愛」と「小我の愛」の説明をさせていただきます。

「大我の愛」は霊的視点による愛です。神の愛のように惜しみなくただ与えるだけのこの愛こそが「まことの愛」であると、昌清霊は語っています。

一方の「小我の愛」は物質的視点による愛。昌清霊は、通常この世で「愛」とされている恋愛、家族愛、友情などはみな「小我の愛」であり、「愛」と名づけること自体が誤りだと言います。ただし決してこれらを否定しているわけではありません。「小我の愛」に身をひたし、その中で喜びも悲しみも数多く経験することが、「大我の愛」に目覚めていく唯一の道であると、本書全体で語りかけているのです。

■「大我の愛」「小我の愛」とは

二つの「愛」のそれぞれを、もう少し詳しく説明しましょう。

「大我の愛」は、私たちの中にある、もっとも崇高な「神」の部分から出てくる愛です。そして、霊的な価値観に立ってこそ発揮される愛です。

私たちはみな「霊的存在」であるということ。すべての他者と「類魂《るいこん》」という霊的な絆《きずな》で結ばれ、ひいては「神」とも一体であること。このような「霊的真理」、もしくは昌清霊の言葉でいう「叡智《えいち》」を深く理解したたましいからあふれ出るのが、「大我の愛」なのです。

「大我の愛」は見返りを求めません。ひたすら与えることを喜びとします。なぜなら、霊的視点では、自分と他人の区別はないからです。私はあなたであり、あなたは私。つまり人類すべてが「私」なのです。

人間だけではありません。動物も、草も木も、石も「私」。究極的には「神」も「私」です。昌清霊が語るところの「神我《しんが》」が、私たちすべての人間の中に宿っているのです。

私たちの本質が霊《たましい》である以上、「大我の愛」は誰もが持っています。しかし肉体を持って生きている間は、物質的価値観の中で、それを見失いがちになるのです。

その物質的価値観に縛られた愛が、「小我の愛」です。

「小我の愛」は、自分を他者から切り離された存在だと思うことにより生じる、本来の意味からは誤った「愛」のかたちです。

みずからを「小我＝肉体だけの存在」にすぎないと思う物質的価値観で生きたとき、人の心には、「死への恐怖」と「失うことの恐れ」、そして「悲観的人生観」という三つの「不幸」が生じます。

自分を肉体のみの存在と思えば、人は「死への恐怖」を抱かずにはいられません。死とともに無になってしまうことを思うと、毎日が不安の連続。たましいの成長を促すために生じる病気も、ただの災難としか思えなくなります。

物質界だけがすべてだと思えば、「失うことの恐れ」が生じます。他人に少しでも分け与えることを惜しみ、今持てるものに執着し、奪われることを恐れます。そして、命ある間に少しでも多くの物質や快楽を得て、詐欺や駆け引きをしてまで他人を出し抜いて生きようとさえ考えるでしょう。

さらに、死を境にすべてが無になるという考え方は、「悲観的人生観」をもたらします。この世で経験する苦しみも悲しみも、すべてが無意味。人生など刹那《せつな》的で不幸なだけのものと思えてしまうのです。

物質的価値観は、このように、すべての「不幸」のもとと言っても過言ではありません。そこから生じる「小我の愛」が、たましいからの本当の幸せをもたらすものではないことも明らかです。

また、「大我の愛」は、自分から他者、すべての人類、そして神へと、どんどん広がっていく愛です。「ここまで」という限界のない、捧げる愛、奉仕する愛です。

しかし「小我の愛」には広がりがありません。ベクトルはむしろ逆。自分だけ、自分の家族だけ、自分の国だけなど、「ここまで」という限界を設けて、その内側だけを固守する愛、執着する愛です。

私たちがこの世で「愛」に悩み苦しむのは、それが物質的価値観にもとづく「小我の愛」であるからにほかなりません。「大我の愛」であれば、喜びしかないのです。「大我の愛」と「小我の愛」は、このように明確に分けられるものです。

しかし、だからといって実際のところ、私たちの行為を、これは「大我の愛」によるもの、あれは「小我の愛」によるもの、などと単純に分けられるものでもありません。ある一つの行為や思い、それが百パーセント「大我の愛」、百パーセント「小我の愛」ということはありえないのです。

両者は、つねに混じり合って存在しています。「大我の愛」の中にも、わずかな心のゆるみがあれば「小我の愛」が顔を覗《のぞ》かせます。また、「小我の愛」の中にも、ふと、誰のたましいの奥底にもある「大我の愛」が小さく光ることがあります。

では、その微細に織り混じる両者を見分けるポイントとは何でしょうか。——この答えは本文から、どうぞお読み取りください。

■「内観」とは

本文には「内観《ないかん》」という言葉が出てきます。自分自身をよく見つめるという意味のこの言葉は、すでにご存じの方も多いことと思います。

本書のキーワードである「大我」「小我」を用いて説明すると、内観とは、自分自身の内に潜む「神我（＝大我）」を確認しつつ、その観点から日頃の自分が「小我」に陥っていないかを厳しく見つめ、反省することです。

昌清霊も本文で、「みずからの神我（＝大我）より、みずからの小我を観る」ことが内観であると語っています。

「神我」はすべての人に宿っています。それを、ときに私たちは「良心」と呼びます。「良心」は、頭脳で考えたり、学校の道徳の時間に教えられたりして会得するものではありません。もし道徳の時間にしか会得できないものなら、あんな場合、こんな場合、どう行動をとるのが「良心的」なのかと、それこそあらゆるパターンを網羅して学ばねばなりません。一生かけても間に合わないでしょう。

けれど、そんなことをしなくても、私たちの誰もが「良心」を持っています。良心に背くことをすれば良心が痛みます。そのこと自体、誰の心にも「神我」が宿っていることの証《あかし》。たとえ霊的価値観を頭では受け容れずに生きていても、「神我」の光はその人の内に存在している、ということの表れなのです。

■「光と闇の法則」とは

もう一つ、本文にたびたび出てくる言葉に「光と闇《やみ》の法則」があります。同じことは「陰と陽」という表現でも語られています。

これは、「光があるから闇があり、闇があるから光がある」ということを表す法則です。よりわかりやすく説明すれば、明るく輝く光があるからこそ何も見えない暗い闇、影ができる。漆黒の闇があるからこそ、光の輝きがまばゆく存在しえる、ということ。これは森羅万象にあてはまる真理です。

別の例で言えば、善があるから悪は悪なのであり、悪があるから善は善として成り立つのです。男性と女性、昼と夜、生と死などの概念も同じ。どちらか片方だけでは、それはそれとして存在しえず、つまり両方とも成り立たなくなってしまいます。

これは、どちらがよくて、どちらが悪いという視点で語られる問題でもありません。昌清霊も「二つは表裏一体であり、同じじゃ」と語っています。

人生の学びにも「光と闇の法則」は働いています。たとえば孤独と連帯、勤勉と怠惰、無関心と愛――。これらは一見対極にありながらも、同時に裏と表のような一つのものです。その両方を経験し、それぞれの感動をたましいに刻んでこそ、たましいは豊かに成長していくことができるのです。

両面のそれぞれを深く経験するには、もちろん一度の人生では足りません。くり返される転生の中で、私たちは男性と女性、長寿と短命、戦争と和平等々を、経験しています。

両方を体験することで、あらゆる物事の両面を理解していく。そして完全なる調和、完全なるたましいを目指していく。それが、私たちが「神」へと向かう旅路なのです。

私からの説明は、以上です。

ここから先は、どうぞ昌清霊の〝声〟に、静かに耳を傾けてください。

第１章

愛とは何か

人はなぜ人を愛し愛されることを望むのか

どんなに物質的に豊かになり、
どんなに便利な世の中になっても、
人は、愛なくして生きてはいけません。
愛は喜びだけでなく、悲しみ、
苦しみ、切なさももたらすのに、
人は愛を求めずにはいられません。
「愛」とはいったい、何なのでしょうか。

1

愛には「大我《たいが》の愛」と「小我《しょうが》の愛」がある。「大我の愛」は、ただ与えるのみの「神の愛」。

「愛」とは何ですか。私たちが「愛する」ということにはどのような意味があるのでしょうか。

愛ということを語るには、まず二つに分けて考えねばならぬのじゃ。愛と申しても、愛は広い。深い。

愛には大きく分けて二つ。

まず、「大我の愛」じゃ。本《もと》つ愛は大我、すなわち神我《しんが》の愛。いわば神。愛は神にござる。

そしてもう一つに「小我の愛」がある。人が神の愛に近づいていくために必要な、いわば神に出《いず》る学びの愛じゃ。

愛は、まったく違うこの二つに分けられるのじゃ。

そして、愛には「大我の愛」か「小我の愛」、この二つしかない。


愛は「大我の愛」と「小我の愛」の二つに大別される。前者は神の愛。後者はこの世での学びのカリキュラム

愛が「大我《たいが》の愛」と「小我《しょうが》の愛」の二種類に尽きるなら、恋愛、家族愛、友情などと呼んでいる愛の種別には、本来、意味がないのでしょうか。

さよう。

愛に種別があるならば、それらはすべて「小我の愛」のうち。小我ゆえの物質愛であるから、それらはみな、まことの愛ではないのであるが、強引に愛と名づけるとするならば、みな「小我の愛」なのじゃ。ぬしら（あなたがた）は、小我による誤った愛の分類をしておる。その中で、恋愛、家族愛、友情、親子愛、兄弟愛、そう分類しておるだけじゃ。

恋愛や家族愛、友情といった種別には、本来意味がない。どれも、神の愛に近づくための学びの愛の一側面

神の愛である「大我《たいが》の愛」とは、いったいどんな愛なのですか。より詳しく教えてください。

「大我の愛」は、神そのものである。

「大我の愛」は、みずからのたましいの向上のみを望む。神は見返りを求めるであろうか。求めぬものじゃ。ならば小我《しょうが》の、人を愛することとは違う。愛するとは、本来まったくもって見返りを望まぬことなのじゃ。これが「大我の愛」じゃ。

そして「大我の愛」について、もう一つ。愛されるということもまた、喜びも苦しみも、すべてを受け容《い》れること。すべてを愛と知ること。これが「大我の愛」じゃ。

たましいの喜びとは何か。大我のたましいの喜びは、進化、向上、進歩なのじゃ。ゆえ、みずからが向上できうるがための言葉、行動、思いであるならば、それらはすべて愛である。

「大我の愛」とは、これだけにござる。「小我の愛」とはまるで違うのじゃ。人はみな、やがてはこの「大我の愛」に至ろうと目指している。この方向を知るべきじゃ。

「大我の愛」とは、見返りを求めず、たましいの向上につながるすべてを、自分の喜びとして受け容れること

「小我《しょうが》の愛」を脱して「大我《たいが》の愛」を知るには、愛すること、愛されること、どちらの経験が、より学びとして大切ですか。

すべては光と闇《やみ》、闇と光なのじゃ。

愛すること、そして愛されるということは、「光と闇の法則」と同じなのじゃ。どちらが光、どちらが闇ということではないが、しかし光と闇は同じ、ということなのじゃ。いわば、どちらも同じく愛を学ぶことにござる。

愛するということにより、愛の苦しさ、切なさを知る。そして、愛は「智」を持たねばならぬということを知る。愛は、神我《しんが》の愛、神の愛でなければならぬということを知る。

そしてまた、愛されるということにより、愛の尊《とうと》さを学び、まことの愛、神の愛を知るわけじゃ。

どちらも同じく「愛」を学んでおるのじゃ。

人は経験の中で、愛すること、そして愛されるということを、幼きたましいの次元より大人のたましいの次元に至るまで、くり返し、くり返し、学んでゆくのじゃ。知ってゆくのじゃ。または、みずからに浸透させてゆくのじゃ。

愛することも、愛されることも、同じように大切な学び。経験の中で両方をくり返し、人は真の愛を学んでいく

昌清様《まさきよさま》は「愛は智を持たねばならぬ」とおっしゃいましたが、それはなぜですか。その「智」の意味を教えてください。

「智」とは叡智《えいち》。法則。神の摂理《せつり》じゃ。

「神を知る」ということをもって、愛を語れるのじゃ。愛を行動に移せるのじゃ。愛の学びとは、一歩一歩、まことの愛、まことの神へと近づいてゆくという道なのじゃ。

人は愛の尊さを学ぶ中で、神の摂理に気づく。それが「叡智」であり、真の愛を実践させるもの

本当の愛、「大我《たいが》の愛」を知るための道は、人のたましいが神の境地に近づく道と同じ、ということなのですね。

わしはつねに、ぬしらはみな神であると申しておるが、日頃ぬしらが思う神観と、まことの神観は違う。

誤解なきように受けとめてほしいが、神自体が、まだまだ粗《あら》い粒子を持っている。いわば、粗い御霊《みたま》を持っているのじゃ。それが、ぬしらであるわけじゃ。ぬしらは、神といえば完全無欠な、崇高なる絶対の存在と受け取るであろう。しかしぬしらも神であるということは、神にもまだまだくもりあるという証《あかし》じゃ。

ぬしらがこれを聞けば、神を俗化して思うことであろう。先にわしが「誤解なきように」と申したのは、それがためじゃ。

神は、ぬしらの思う俗物とは違う。まこと、いと高き存在であるのじゃ。神とはすなわち愛であるわけじゃ。

神という存在の一部分、その粗い粒子が人間。
よって、誰もが神性を備え、つねに向上を目指している

2

「小我の愛」とは、個としての物質的な愛。人はその限界に気づき、己の枠を広げていく。

「大我《たいが》の愛」と「小我《しょうが》の愛」、このニつの愛はどのような関係にあるのでしょうか。

ぬしらは「小我《しょうが》の愛」の経験を重ねることにより、その短きを知りつつ、鈍く光る「小我の愛」より、まことの愛、神の愛、または「大我《たいが》の愛」に近づいてゆくのじゃ。

今わしが「短きを知りつつ」と申したのは、いわば「小我の愛の限界を知りながら」ということじゃ。「小我の愛」には限界がある。なぜならば、「小我の愛」は、肉体ゆえの愛であるからじゃ。神の愛である「大我の愛」とは大きく異なるのじゃ。

「小我の愛」とは、物質ゆえ。個の肉体に宿るたましいが、個を中心とし、個を守り、個を慈《いつく》しむがために表現する愛であるゆえに、「小我の愛」はまことの愛、いわば神の愛より遠く離れ、さまようこととなるのじゃ。

たとえば世の者たちが、特に若き者が陥る愛。いわば恋愛という愛。ある程度の肉の年齢を重ねた者ならば、夫婦の愛。そして、家族の愛。ぬしらはその中で、つねにつねに、間違いだらけ。「小我の愛」の闇《やみ》を重ねていくことが多い。

「小我の愛」は、物質に執着したたましいの未熟な愛。人はやがてその限界に気づき、「大我の愛」に目覚める

なぜ私たちのたましいは、あえてこの世で肉体という「個」に宿り、限界を設けて、神の愛から離れてしまっているのですか。

小我《しょうが》という肉体、「個」をつくることにより、たましいは負荷を持つのじゃ。その負荷をあえて持つことにより、神の愛を学ぶのじゃ。

個にこもるという負荷を乗り越え、個を持ちつつも「大我《たいが》の愛」、神の愛に気がつくということの大切さを知る。その経験こそ、たましいの「学び」なのじゃ。

物質界においてのみ得られる「感動」は多いのじゃ。喜びも、心の痛手も、すべて感動にござる。この「感動」というものを使うことにより、深くたましいが磨かれ、ぬしらは二度と闇《やみ》に戻らぬという確信を持つわけじゃ。

それが、まこと人の進歩、成長、いわば霊性の向上へとつながるわけじゃ。

肉体に宿るという負荷をあえて持ちながら、神の愛に気づくのが「感動」の意味。これがたましいを深く磨く

でも、個体に宿った人間は、「霊性の向上」という本来の目的さえ忘れて生きていることが多々あります。

知らぬゆえの感動こそ、大切なのじゃ。忘れていた真理を思い起こす、思い出す、という行為こそが大切であるのじゃ。

たとえば、ぬしらは、この国にいて当たり前と思うておることが、この国より不自由な国にまいったときに、当たり前でないことを知るであろう。それにより、この国のよさが改めて認識される。このことにきわめて似ているのじゃ。

感動するということは、いわば、物質界にいて忘れていた真理を「思い出す」ということでもあるのじゃ。

現世に生まれて忘れていた真理を「思い出す」行為だからこそ、感動はたましいを揺さぶり成長させる

どんなとき、どのようにして、私たちは「小我《しょうが》の愛」の限界に気づかされるのでしょうか。

この現世《うつしよ》がなぜあるか、なぜ必要かと申せば、肉という小我《しょうが》を持ち、小我のみで生きれば、必ずそこに、たましいの苦しみを得るからなのじゃ。小我のみで生き抜けることはありえない。その小我のカルマとして、必ず躓《つまず》きを生むのじゃ。孤独を生むのじゃ。

となれば、小我を見つめ、その小我を大我《たいが》へと変化させねばならなくなる。それが大切なのじゃ。

わしは前に、人は傲慢《ごうまん》であると申した。その傲慢は闇《やみ》、影に等しいとも申した。（『スピリチュアルメッセージⅡ～死することとの真理』153ページ参照。）

小我もまた、たとえれば闇なのじゃ。傲慢なのじゃ。

きわめてわずかな闇であっても、その闇を見つめ直さねばならぬことが、必ず起きるのじゃ。

小我の闇の強き者は、何一つ人に分け与えたくはないはずじゃ。ぬしらの世の言葉で言えば、「自分さえよければよい」となるはずじゃ。なぜならばその者は、物質的考えで生きているからじゃ。となればその者は、いやがおうもなく孤独に生きることになる。

しかし、人は孤独には生きられぬ。ゆえ、必ずその小我を変えねばならぬ時がくるのじゃ。

物質的な価値観は、必ずたましいの苦しみを生み、人を人生に躓かせる。その経験が傲慢からの目覚めを促す

「自分さえよければよい」という生き方はよくないとされていますが、実際は、そのように小我《しょうが》のみで生きている人は多いものです。

さようじゃ。何一つ人に分け与えたくないということは、小我《しょうが》にこもったたましいの、当たり前の、ごくごく当然なる姿じゃ。

では、その「自分さえよければよい」という小我の生き方は、なぜいけないか。その理由をぬしらはどう考えておるのかな。

それは、みずからが孤独になるからじゃ。みずからのためにならぬからいかんのじゃ。みずからのたましい、大我《たいが》のためにもよくないからいかんのじゃ。

これに気づけば、人は変われるのじゃ。ただの教えというものだけでは、人は変わらぬ。ただの美辞麗句《びじれいく》では、真に変わることはできぬのじゃ。

たましいは、もとは神じゃ。誰にでも神我《しんが》が宿っておる。どの者も神の粒子なのじゃ。ぬしらはみな、神。その神が、小我におおわれて生きているのじゃ。

そのおおわれた小我を強く保つのか、または、その奥底に潜む神我《しんが》を光らせるのか、どちらを選ぶかが大切なのじゃ。

自分の欲望のみを優先させていると、人は孤独になり愛から遠ざかる。愛がなくては、人は幸せにはなれない

人が孤独を恐れ、友だちや家族といった他者との絆《きずな》を求めずにいられないのは、なぜですか。

肉体という物質にこもる小我《しょうが》、たましいは、なぜ、ときに友達《ともどち》を求めるのか。ぬしらが友達や家族を求めるのは、その神我《しんが》が光るときじゃ。そのときも、ほんの少しの心の隙《すき》あらば、ぬしらの行為は小我の行為となる。しかし、ぬしらが大我《たいが》を重んじて生きるならば、その行為は大我の行為となろう。

ぬしらが友達を持つのは、友達と分かち合う愛に神を見るからじゃ。大我の感動を得るからじゃ。

愛を与えるという行為を通して、その愛がみずからの小我より大我に響き、その大我が引き出され、たましいの輝きを増すのじゃ。

他者と愛を分かち合う経験は、たましいを輝かせる尊いもの。その輝きが、人の神性に喜びをもたらす

私たちが大切に考えている恋愛や友情も、スピリチュアルな視点では、すべてがしょせん利己的な「小我《しょうが》の愛」なのですか。

すべての小我《しょうが》は、大我《たいが》の影である。

この現世《うつしよ》に存在する小我、すべては大我の影なのじゃ。

現世に生まれ出《い で》たとき、まず家族がある。家族の愛は、本来神の愛なのじゃ。しかれども、この現世にある家族の愛は、「小我の愛」という影に陥りやすい。

友達、友情というものにおいてもさようじゃ。もとの愛は「大我の愛」。されど、影なる友情の愛となるわけじゃ。

恋愛というものとて、その愛は「大我の愛」。されど、この現世においては小我の影を映し出す。

その他、もろもろの愛があろう。

わしが申したいのはどういうことか。家族、友情、恋愛と、どのようなお題（学びのテーマ）であろうとも、そのもとは大我であり、この現世はその大我に潜む小我の影を映し出しているということじゃ。
言葉平《ひら》たく申せば、すべては「大我の愛」、いわば神の愛のまねごとなのじゃ。
現世におけるまねごとであるゆえ、影が存在するということじゃ。

現世の愛は、すべて神の愛の「まねごと」。
学びを得るために、さまざまな影が映し出される

「愛のまねごと」に真剣に悩み傷つきながら、本当に「大我《たいが》の愛」を学べるのですか。恋愛や友情などは、真の愛の学びには無駄にも思えます。

すべては学びじゃ。

人はみな、自分自身のことでしか生きられぬ。ゆえ、小我《しょうが》の目は、まさに小我的方法をもって大我《たいが》へと変えねばならぬのじゃ。

ぬしらのたましいは、この現世《うつしよ》という土壌を舞台として生きているのじゃ。その舞台には、さまざまな絵がある。ぬし（あなた）が今申した恋愛や友情も、舞台を彩る絵じゃ。それらが無駄かと問うのは、舞台上でその絵を考えて演ずるのは無駄か、と申しているようなもの。

絵だけが生きているわけではないのじゃ。演じているたましいが中心であろう。であるならば、その絵をいかに生かすかなのじゃ。いかに生かしながら、みずからのたましいを引き立てるかじゃ。

誰が主役か。ぬしらのたましいじゃ。

しかし主役のみを考え、その絵を考えることが無駄とまでなるならば、調和というものはありえなくなる。その舞台は、どのように主人公が演じたところで、決して総合的な美しさにはならぬ。

まことの主役は、舞台上のすべての絵を、みずからを引き立てるために利用し、すべてを輝きとするはず。そして、みずからの輝きを引き立てるはず。そこには調和のみが生ずるはずであるのじゃ。

でなければ、友情も、恋愛も、その他も、すべてが要《い》らぬもの、無用のものということになってしまう。しかし、それはありえぬ。すべてあるものは学びであり、無駄はないのじゃ。

この世はたましいを輝かせるための舞台。恋愛や友情などの一つひとつの経験は、舞台の調和に不可欠な絵

3 人間の一生は、肉体ゆえの弱さを乗り越え、帰属意識を外して愛を広げていく学びの道。

この世に生まれ、個体に宿ったたましいは、一生の間に、どのような道程《みちのり》を経て「大我《たいが》の愛」に目覚めていくのでしょうか。

人がなぜ、みなこの現世《うつしよ》に出《いず》るか。それは、すべてが未熟なる子霊《こだま》（幼いたましい）であるがためじゃ。それを「真白霊《ましろだま》」とも申す。そのたましいたちが、いわば経験を重ねるために現世に出《いず》るのじゃ。生まれ出《いで》たときより学びにござる。

まず、誰もがこの現世に生《あ》れるとき、一人一人に家族がある。家族なく生まれ出《いず》るたましいはない。家族との縁の、濃い薄い、深い浅いの差はあろう。しかしみな、家族を持つわけじゃ。

その家族の中で、たましいはまず肉体を養う。肉の成長なければ、たましいは発揮できぬからじゃ。それが赤子、幼児期じゃ。

肉体を持ち、成長させてゆくという学びの中で、たましいはまず、小我《しょうが》をむき出しにする。赤子は人のものでも何でも取り上げる。みずからが欲しいものを得られねば泣く。これ、小我。肉にこもった小我のむき出しの状態なのじゃ。

その中で、次に親子の愛を確かめ、育っていく。その過程においては病もあれば、さまざまなことがらが起きるが、その葛藤《かっとう》の中で親は子を愛し、心配し、まことといたす。子は子で親の愛をひしひしと受け、その愛をもってみずからの成長とする。これは、神の愛に似た行為であり、植物の光合成によく似ている。

されど、光合成に一番近いは「大我《たいが》の愛」、まことの愛じゃ。

赤ん坊は小我むき出しの存在。神の愛に似た親の愛を受けて、この世での学びに必要な肉体を成長させる

私たちが家族の中に生まれ、愛を受けて肉体を成長させていくにしたがい、家族以外の人との関わりも生じてきますね。

さようじゃ。肉体がある程度成長すると、たましいは、家族という肉体のつながりから一歩外に出《いず》る。

その「小我《しょうが》の愛」をこれでもかと見せつけられることに、進んでいくのじゃ。それが友達《ともだち》というものじゃ。

友達というものは、肉体はまったく別である。広義の類魂《るいこん》からすれば一つであるが、肉体が違うゆえ育ちも違ってくる。その違いの中でみな、幼き者はわが自己を主張するのじゃ。

主張し合う中で、なかなか折り合いのつかぬこともある。考えの違うということが多々起きる。その中で葛藤《かっとう》し、わが小我を見つめるのじゃ。

さまざまな争いがあれば、人のたましいは悲しむ。では、その悲しみを癒《いや》すためにはどうするか。わが小我を見つめ、わが小我を削る作業をしなければならぬのじゃ。

それがときに譲り合い、理解し合うということになる。これらすべてが、大我へと進むかたちなのじゃ。

人は成長するにつれて、家族の外へ踏み出す。友との関わりの中で小我《しょうが》を見つめ、譲り合いを覚えていく

友だちを持った私たちは、さらに成長すれば、単純に「愛」と呼んでしまいがちな恋愛も経験するようになります。

さよう、男女の愛。そして夫婦の愛。

そして夫婦になったのちに、また血を分け、肉を分けての家族を持つ。いわば子を持つのじゃ。

こうして、お題はさまざまに変化してゆくのじゃ。家族、友達《ともどち》、友達を超えた男女の性愛、そして、また家族。

このようなお題の変化の中で、人は小我《しょうが》のみでは必ず、さまざまな問題にぶち当たるのじゃ。

そこで、みずからの小我を見つめることになる。それにより小我をより磨き、大《たい》我《が》へと少しずつ、または一歩ずつ、進歩させてゆくわけじゃ。

人は大人になる過程で、恋愛や結婚を経験し、より複雑で本格的な、たましいの学びに入っていく

さまざまな他人と会い、さまざまな関係を持つ。つねに出会いを広げていくことが、たましいの成長には欠かせないのですね。

さようじゃ。肉体の同胞《はらから》、すなわち家族より始まり、家族以外のつながりへと関係は広がっていくのじゃ。

もちろん光の世界である幽世《かくりよ》（あの世）においては、すべてが類魂《るいこん》、同胞。だが現世《うつしよ》では、他のたましい、他の肉体、他の個となるのじゃ。

他の個と接するお題はさまざまある。友達《ともどち》、恋愛。そしてある者は、結婚し新たな家族を持つ。そしてまたある者は、みずからの子を持つ。生業《なりわい》を持てば生業によるつながりもあろう。さまざまな、他のたましいと接する学びがある。

このように、すべてが一貫した学びの流れの中にあるのじゃ。一つひとつ段階を経て、「大我《たいが》の愛」の領域を広げていくのじゃ。「小我《しょうが》の愛」は、そのための道程《みちのり》であるのじゃ。

家族、友情、恋愛、結婚、そしてまた新たな家族へ…。
人間関係の広がりの中で、人のたましいは成長していく

多くの人と出会い、学び合う一生の中で、私たちにとって、もっとも大きな存在は何ですか。やはり「家族」であると言えますか。

家族であろうとも、たましいはまた違う。個性すべてが別々じゃ。この家族という形態をもって、学ばせているわけじゃ。

腹を痛めて血を分ける肉親であろうが、または雑居であろうが、家族として成り立つ場合、小我《しょうが》というものは、みずからの枠の内は味方とする。それが小我の特性じゃ。小我的な打算があるわけじゃ。それを利用して、ぬしらは学んでいるわけじゃ。

ぬしが今申したように、家族のお題は実に大きい。たましいは別であるが、人の腹から生まれ出《いず》る必要があるのじゃ。そして家族という形態を持つ必要があるのじゃ。

なぜならば、小我は「帰属」を好むからじゃ。良くも悪《あ》しくもたましいは、帰属により喜び合い、傷つき合い、悲しみ合うのじゃ。

弱さや打算から味方を欲し、「帰属」を好む。小我の特性を利用して、たましいは家族という形態で学び合う

たましいには血縁がなく、本来はみな別個の存在ならば、家族の縁は何より強い、というこの世での認識は、私たちの愛の学びに必要な「幻想」なのですね。

まあ、一つのな。方便じゃ。

ぬしらは「帰属意識」という小我《しょうが》的打算を利用しつつ、また、小我的打算から解放される道を歩むわけじゃ。そこを通ってこそ、解放することもできるのじゃ。

この現世《うつしよ》の者は「帰属意識」が好きじゃやな。たとえば、戦《いくさ》。……うーん、今の現世で言えば、運動競技、オリンピックがよかろうか。日頃興味なくとも、わが身内と思うことにより、ぬしらは熱上がり、わが国民を応援することとなろう。それは、わが身に帰属する者たちであるからじゃ。

その手法を、たましいの学びにも、あえてとるわけじゃ。

身内を大切に思う「帰属意識」は物質的な価値観だが、それを経験してこそ、真の愛との違いに気づく

人が「帰属」を好み、身の置き場を求める気持ちには、この世で「個」として生きる寂しさがあるのではないですか。

さようじゃ。そして小我《しょうが》の持つ本能、いわば自己保存の本能ゆえなのじゃ。帰属を好むその寂しさ、悲しみはどこからくるか。自己保存の本能からじゃ。「個」という肉体に降りる以上、その「個」には、孤独がつきまとうのじゃ。「個」の立場にならねば、孤独はありえぬ。たましいが肉体という「個」に入り現世《うつしよ》に生まれたときから、孤独が始まるわけじゃ。そしてその孤独を癒《いや》すには、帰属意識を持つしかないのじゃ。

たましいは、学びのために、その帰属意識、本能を利用する。ゆえ、家族、故郷、国、その大きさ違えども、みずからがどこに帰属しているかにより意識は高まる。

ぬしらは、日頃国中でどのように争いがあろうとも、外国《とつくに》とのあり方になれば、わが国を大切に思うであろう。これ、帰属意識。この国の中でもそうじゃ。この日本の国の中であったとて、細分化された一つの地域であるわが故郷を懐かしみ、慈《いつく》しむ。そしてその故郷の中でも、さらに細分化された一つの家であるわが家族を懐かしみ、大切に思う。このように、人には帰属愛があるのじゃ。

されど、ゆくゆく先、いずれは「個」というものを解き放たねばならぬゆえ、帰属意識をなくしていくことが、たましいの成長なのじゃ。ゆえ、たましいの帰属意識を外していく作業が、生まれ出《いで》たときより始まるのじゃ。

家族に始まり、家族より外へ広がっていくことが、当然のあり方、学び方であるわけじゃ。

個体としての孤独ゆえに、人はどこかに帰属したがる。だが帰属意識を一つずつ外すのが、たましいの成長

4 この世の「愛」の大半は、小我の喜びを満たすためのもの。真の愛からはほど遠い。

愛するよりも
愛されることをより多く望んでしまうのは、
間違っていますか。

「愛される」ことを望むとぬしは言うが、それは、物質的にみずからが得することを望んでおるということじゃ。したがって、それは「愛」ではない、小我《しょうが》なのじゃや。それをぬしは「愛」と語っておるだけなのじゃ。

なぜならば、まことの愛を望んではおらぬからじゃ。わかるかな。

ぬしが言う通り、現世《うつしょ》には「愛されることを望む者」が多いな。愛されることのみを望んでいる者も多い。しかし、その者たちが望んでいる愛とは、みずからに都合のよい愛、みずからの小我に喜びを満たすだけの愛なのじゃ。

たとえばぬしが、愛を、愛されることのみを望むとしよう。それは、わしから讃辞や言霊《ことだま》による慰め、もしくは物質的慰め、地位、名誉を与えてもらうことを「愛」として望んでいるわけじゃ。

だが、まことの愛であるならば違う。ぬしを突き放し、必要あらばぬしを手伝わぬ。転ばすことも愛。厳しきことを言い放つも愛じゃ。まことの意味で愛するとは、相手を徹底して受け容《い》れ、徹底して向上させようとする法なのじゃ。

ぬしの言う「愛されることを望む者」たちは、そのようなことは望んでおらぬであろう。己にとって都合のよいことだけを望んでいるわけであろう。それは小我。愛でなく、物欲と同じじゃ。いわば物質を望んでいるのじゃ。物質としての言葉、物質としての慰め。

ということはすなわち、「愛されることを望む者」は、まことには少ないということじゃ。

愛の定義が間違っているゆえ、ぬしらはそのように言う。ぬしらはつねに誤った愛を語っているのじゃ。現世では、「愛」という言葉が、あまりにも誤用されているのじゃ。

この世では「愛」という言葉があまりに誤用されている。
多くの人が望む「愛」は、小我を満たす物欲に近い

愛を請うのではなく、他人を愛することばかりを望むほうが、生きる姿勢として正しいのでしょうか。

「大我《たいが》の愛」ならば、ぬしの申すことは正しい。しかし「小我《しょうが》の愛」ならば、これも同じ誤りじゃ。これもまた愛ではない。身を守る小我でしかないのじゃ。

「愛することばかりを望む者」が仮にいるならば、相手を憎まぬものじゃ。相手を憎むということは、いわば愛されたい、物質的意味で愛されたい気持ちがあるということなのじゃ。

愛されることと愛することは、表裏一体であり、陰と陽、光と影である。

「愛されることばかりを望む者」は、先に申したように、小我を満たすことばかりを望む者じゃ。

「愛することばかりを望む者」も同じなのじゃ。「ありがとう」という感謝の言葉ばかりを望み、それにより、みずからの物質的小我の寂しさを埋めてもらおうとしている者じゃ。「愛されることばかりを望む者」と同じように、小我を満たしたいという打算があるのじゃ。小我を与えることにより、小我に見返りを求めている者、というだけのことなのじゃ。

本当の愛は見返りを求めない。感謝の言葉を求めて愛するのは、自分の寂しさを埋めたい打算があるから

この世で私たちが用いている「愛する」「愛される」という言葉の定義自体が、実は愛の真実と、かけ離れているのでしょうか。

さようじゃ。

ぬしらは、闇《やみ》にも光にも「愛」という言葉を使っておる。

正しきことに「愛」という名称を使うならば、ぬしらの言う愛に、「愛」を用いてはならぬのじゃ。

または、ぬしらの言う愛を「愛」とするならば、まことの愛は、「愛」という以外の言葉に呼び名を変えなければならぬ。

私たちは「大我の愛」と「小我の愛」を同じ「愛」という言葉で呼ぶが、本来はまったく違う性質のものである

「大我《たいが》の愛」を理解し、実践する。そこに至るのは、私たちに小我《しょうが》がある限りとても険しい道程《みちのり》ですね。

愛はときに、みずからに都合の悪いこととなる。みずからとは小我《しょうが》。小我にとって都合の悪いことも愛なのじゃ。

喜びとて、物質の喜びと、たましいの喜びは違うのじゃ。

「愛されることを望む者」は、物質の喜びを望んでいる者たちじゃ。目に見える笑顔、目に見えるような態度、耳に聞こえるやさしき言葉、耳に心地よい慰め。

しかし、まこととたましいにとって心地よい言葉とは、厳しき言葉でもあるのじゃ。

たましいの喜びと、物質の喜び、いわば小我の喜びは、まったく違う。となれば、さまざまに、たましい、もまれる生き方をしている者が、一番愛されている者となる。

逆に、物質的な快楽のみに浸っている者、またそれができる者は、愛なき者、または愛に飢《う》えた者、愛に乏しい者となる。
物質的視点と霊的視点は、まるで反対なのじゃ。

物質的な快楽を追ううちは、愛に満たされない。成長を促す困難な経験や厳しい言葉にこそ真の愛がある

5 「大我の愛」と「小我の愛」は表裏一体なもの。この世では、双方のバランスをとることが大切。

同じ相手に対しても、そのときによって「大我《たいが》の愛」から接しているときと、「小我《しょうが》の愛」で接しているときとがある気がします。

「大我《たいが》の愛」の出《いず》るときは、そこに喜び、感動がある。しかし「大我の愛」と「小我《しょうが》の愛」は、つねに紙一重。表裏一体なのじゃ。わずかな心のゆるみでも「小我の愛」が出るのじゃ。

恋愛などはまさにそうじゃ。親子もそうであろう。相手を思う。子を思う。それらが大我からであるとしても、ほんのわずかでも小我の視点があれば、わが子を思う、相手を思うが、束縛という愛欲へと変わってゆくのじゃ。これは「小我の愛」。なぜならば、相手のためと言いつつも、みずからの自己満足をかなえるがためであるからじゃ。

まことの愛を、みずからの欲得に変えてはならぬのじゃ。我《が》を持ってはならぬのじゃ。

大我の愛も、わずかな心のゆるみから、小我の愛に転じる。「相手のため」のつもりで自己満足に陥ることもある

相手への「愛」と「憎しみ」の間を行ったり来たりする感情を、「本当の愛」と呼んでいいのでしょうか。

ぬしの言う「愛」と「憎しみ」は、同じじゃ。どう同じか。実は、どちらも「憎しみ」なのじゃ。憎しみを伴う愛は小我《しょうが》であり、小我以外の何物でもない。それに、ぬしはただ「愛」という言葉を借りているだけじゃ。愛をまねているだけであり、まことの愛でない「愛もどき」であるということじゃ。愛の仮面をかぶった小我、我欲、憎しみであるのじゃ。憎しみを伴《ともな》う愛は、偽《いつわ》りであり、愛ではない。

現世《うつしよ》の者たちは、よく「愛が途中から憎しみに変わった」などと申す。だがそれは、はじめから「愛」ではないのじゃ。愛もどき、偽りじゃ。まことの愛は、はじめから終わりまで憎まぬもの。

ときに、さまざまな苦難を経て、愛もどきが愛へ変わることもある。しかし、それは憎しみから愛へ変わっただけ。

「愛がより深い愛に変わった」と言うなら、それは言葉のみの美辞麗句《びじれいく》じゃ。正確には、「憎しみが愛に変わった」「小我が大我《たいが》に変わった」と言うべきじゃ。

憎しみに変わる愛は愛の仮面をかぶった欲にすぎないが、憎しみが苦難を経て「真の愛」に変わることはある

「小我《しょうが》である肉体」を持って生きる私たちが「大我《たいが》の愛」で他人を愛するとは、どのように愛することですか。

まことの愛は、みずからを思わず、相手のみをただひたすらに愛することにある。

これをまた間違ってとる者は、相手の奴隷《どれい》になることと聞くであろう。そうではないのじゃ。なぜならば、相手の奴隷になれば、それは相手の物質欲、すなわち小我《しょうが》を、ただただ依存させるだけになってしまうであろう。

みずからがひたすらに愛するということは、相手の闇《やみ》、小我をも愛すわけじゃ。であるゆえ、相手の小我の欲求を受け容《い》れてはいかんのじゃ。愛するゆえに、受け容《い》れてはならぬのじゃ。

または、相手をひたすら愛するゆえに、みずからの我欲をもってしてはならぬのじゃ。

しかし、そこに小我が加われば、相手のため、相手のためと、最後のとどめまで

「愛」という名をかざした小我が、むくむくと顔を持ち上げて、障害をもたらしてしまうのじゃ。

大我の愛とは、相手のすべてをひたすら愛すること。ただし、隷従して相手を依存させることではない

「大我《たいが》の愛」と「小我《しょうが》の愛」を区別するのは、本当に難しいです。どのようにすれば見分けられますか。

小我《しょうが》、大我《たいが》は紙一重。光と闇《やみ》とが交叉《こうさ》するごとく、大我がときに小我へ変わり、小我がときに大我を持つ。その大我、小我、光と闇をはっきりと見分けられるかどうかで、たましいの成長の度合いを測ることができよう。

たましいが幼き者ほど、大我、小我の明暗がはっきりしている部分しかわからぬ。微妙な小我、大我の交叉は見えぬのじゃ。

たとえば、殺すはいかん、親切はいい。これ、実に大雑把《おおざっぱ》な光と闇。このように明暗のはっきりと表れることは、幼きたましいでもわかることじゃ。

殺すは相手が痛かろう、苦しかろう。相手の人生を閉じることは、干渉しすぎるいけない行為であろう。相手への親切は、相手が気持ちよく喜んでくれることだからいい。

これは実に大雑把な光と闇であり、誰でも理解できるのじゃ。

幼きたましいであればあるほどに、そのようなはっきりとした色合いのみに反応するのじゃ。されど、高きたましいに進んだ者は、微細な光と闇を感知することができるのじゃ。

細かな光と闇を見分ける感性を持つ。これは、たましいの成長に委ねるほかない。

小我と大我は、光と闇のように微細に交叉しており、違いを見分ける感性は、たましいの成長に従い身につく

ものごとの表面だけを見て判断しない姿勢も、たましいの成長の一つの証《あかし》だということですか。

さよう。それが成長であり、そこに感性が表れるのじゃ。たましいがどこまで成長しているか、それを感性というものが表すこととなるのじゃ。

この現世《うつしょ》には、小我を乗り越えるさまざまな学びがある。その対応のしかた、対処のしかたを見ていれば、その者のたましいがどれだけ輝き、理解しているかが一目瞭然《いちもくりょうぜん》なのじゃ。

経験により多くを学んだたましいの成長度は、物事への対処法、判断力などの感性として表れる

頭では「霊的真理＝大我《たいが》」を理解したつもりでも、現実には同じ過ちをくり返してしまうのは、自分の中の小我《しょうが》が、まだまだ勝《まさ》っているということですか。

さようじゃ。また、それだけ小我《しょうが》を理解するのは難しいということじゃ。みずからの小我をまこと気がつけば、小我を捨てていくはずじゃ。解き放つはずなのじゃ。

学びの道も光と影。大我《たいが》を知る上では、大我、大我とかざすも一つの道じゃ。大我を深める、関心を深めることも大切じゃ。

がしかし、小我を小我と自覚することは、なお大切なのじゃ。まこと自覚していれば、小我を脱却していくはず。しかし、「わかったわかった、理解した」と言いつつも、小我から離れられぬのは、わかっておらぬ証《あかし》だということじゃ。

すべてを理解できたかできないかは、何により判断できるか。それは行動にござる。行動のほか何もないのじゃ。

大我、大我と目指すだけでなく、みずからの小我をまず自覚すること。いつとて光と影、両道でもって探ってゆかねばならぬのじゃ。

霊的真理にかなう生き方を目指すことは大切だが、自分の中の小我を見つめ、深く自覚することこそ出発点

第２章

愛の学びのかたち

人生の中でくり返される出会いと別れの意味

家族、友だち、恋人、仕事仲間――。
私たちは、この世で実にさまざまな人たちと
関わりながら生きています。
ときには親しく睦《むつ》み合い、
ときには互いに切磋琢磨《せっさたくま》しながら、
出会いと別れをくり返しているのです。
それらの営《いとな》みには、いったい、
どんな意味が秘められているのでしょうか。

1 家族とは、この世で学び合う小我同士の絆。たましいは、そこでまず愛されることを学ぶ。

なぜ、この世には、「血のつながり」で結ばれた家族というものがあるのでしょうか。

人は生まれ出《い》て、まず家族を持つわけじゃ。どのたましいも、誰かの同胞《はらから》となるわけじゃや。たましいの上では、どのたましいもすべてが同胞であるが、現世《うつしよ》に出《い》る場合、あえて小我《しょうが》の同胞、すなわち家族を選ぶのじゃや。

先にわしは、すべては光と影であると申した。光とは類魂《るいこん》を指すのじゃや。類魂から申せば、すべてが同胞にござる。

しかし、この現世では闇《やみ》、影として現れる。幽世《かくりよ》は大我《たいが》、現世は小我じゃ。影ゆえに小我の同胞をつくるのじゃ。そもそも、肉にたましいを宿した時点で小我なのじゃ。小我を発揮する場となるのじゃ。されど、そのたましいは大我が本《もと》つ。これ神我《しんが》という。しかし影の部分では肉の家族となるのじゃ。

なぜ家族が必要か。幽世においてはすべてが家族じゃ。されど現世では肉という個を持つ。個を持つ限り、小我が表れる。では小我のみで愛が学べるかといえば、難しいのじゃ。家族なき小我のみのたましいとなれば、愛が学びにくいのじゃ。

そもそも小我を持つということは、孤独を持つということじゃ。一つの個の中に収まれば、それは孤独を生む。すべてが同胞である幽世では、みな一つの類魂であるゆえ、孤独はないのじゃ。されどたましいが肉という個の中に収まれば、個には小我が生じ、孤独が生まれるのじゃ。

その孤独だけのたましいの中では学びができぬ。ゆえ、親という腹から生まれるようになっている。肉と血のつながりにより、小我の結束を生ませるのじゃ。それが良くも悪《あ》しくも学びとなるのじゃ。

現世はすべて、幽世の映し出しじゃ。血、肉のつながりが小我でも、たましいはそのつながりを尊《とうと》ぶのじゃ。

血縁は、個体に収まった孤独なたましい同士が、この世で愛を学び合うために必要なつながり

仲の悪い家族にも、家族ならではの「結束」というものはありますか。その中で愛を学べるのでしょうか。

家族は小我《しょうが》のつながり。家族の愛には大我《たいが》が混じるが小我もあり、その小我は「束縛愛」となるのじゃ。

束縛愛は、誰もが持つものにござる。生まれながらに親から生き別れした者とて、つながりはあるのじゃ。束縛から離れているように見えるが、しかしこれまた影の束縛、裏の束縛なのじゃ。

親のある束縛、ない束縛。同じなのじゃ。早くから親から離れた者であれ、親を思うのじゃ。思うということ自体が、束縛なのじゃ。

親から早く離れ、親など気にもせず考えもせず生きる者が一人でもいたならば、今の話は戻す。が、ありえぬ。なぜならば、それが定め、法であるからじゃ。

家族とともに生きようが、離れて生きようが、小我の束縛はあるのじゃ。その小我の束縛によってたましいを見つめることとなるのじゃ。仲が良くとも悪《あ》しくとも、そこで悩み、もがくわけじゃ。
それがたましい、大我を、より輝かすこととなるのじゃ。

仲の良し悪し、同居、別居にかかわらず、家族間には「束縛愛」があり、その悩みがたましいに学びを与える

家庭が最初に愛を学ぶ場所ならば、時代の流れで大家族が減り、核家族化、少子化が進んでいることは、私たちのたましいの学びにも影響していますか。

家族の愛に限らず、どのような愛であろうが、すべての愛の定義は同じじゃ。わしが申している、光と影なのじゃ。

ぬしが言うたように、家族の人数はさまざま。

しかし同じなのじゃ。大家族であろうが、小家族であろうが、学び方は同じ。陰と陽。光と闇《やみ》というだけじゃ。

数が多い家族、関わり多き家族は、それだけその中で、たましい、もまれることとなろう。しかしまた、物質的な助け合いが多くなり、たましいの学びがぼやけて停滞することもあろう。

そして今の現世《うつしよ》に増えているような、非常に孤立無援に近いような家族は、それはそれで孤独との戦い。

このような違いはあれど、しかし目指す道は同じ。ただ、物質的に数が多い、少ないというだけじゃ。
大家族であるならば、大家族ゆえの喜びと苦しみがあろう。小家族であるならば、小家族ゆえの喜びと苦しみがあろう。独身に生きる者とて、一人という家族じゃ。同じなのじゃ。

大家族には大家族の、小家族には小家族ならではの学びがあるが、その中でたましいが目指す愛は同じ

大家族、小家族など、それぞれの家庭の差違は、一人一人にとって愛を学ぶ方法が違うだけということでしょうか。

さよう。それだけじゃ。

大家族であろうが小家族であろうが、大切なのは目に見えた人数構成ではなく、関わりの深さなのじゃ。

小家族であっても大我《たいが》の関わりであれば、大家族以上の安定があろう。または大家族であっても、小我《しょうが》の関わりでは、小家族にも劣る。

大家族であっても小我的とは、たとえばどういうことか。

現世《うつしよ》には、家系、家制度、または物質、地位、そのような物質的小我の価値観でもって、みずからのたましいを縛り上げていることがよくあるな。生まれた家ゆえにこれができない、あれができない、こうせねばならぬ、と。

このようなことが強い家では、大家族でも、たましいはその小我のみに封じ込められ、それぞれのたましいに深みはもたらされない。となれば、深き関わりの小家族にも負けてしまう。
見た目のかたちは、何一つ頼りにならぬということなのじゃ。

大家族でも、地位や家系など物質に縛られ孤独な者もいる。
学びに大切なのは、家族間の関わり合いの深さ

小家族が増え、子どもたちが家族以外の人たちと関わる時期も早まりました。それは、帰属意識が薄れ人間のたましいが「進化」した証《あかし》でしょうか。

それはある。が、しかしそう変わりはしない。

なぜならば、そのどちらにおいても、学びは同じであるからじゃ。

身内多き家とて、しょせん、たましいの個性は別じゃ。それゆえに身内の中でのもめごとも多い。その中でもまれる。しかし育《はぐく》まれることもある。

では小家族においてはどうか。

早くから社会と接しなければならぬ。しかし本《もと》つ家族意識が強くないゆえに、孤独は強い。孤独心は大家族より大きいのじゃ。

となると、足元不安定でいて人との関わり、すなわち他のたましいとの関わりを持つわけで、それは一長一短にござる。自立を早めることにもなろうし、その足元がゆるんでいれば、かえって不安定な事故を起こすであろう。

この現世《うつしよ》の今、精神不安定なる者、人との関わり方のわからぬ者があまりにも多いのは、そのためじゃ。たましいが、さまよってしまっているのじゃ。

現代の小家族化は、子どもの自立を早めている半面、精神が不安定で孤独なたましいを生んでもいる

家の伝統や財産を守り抜こうとすることは、先祖を敬《うやま》い、大切にする正しい愛ですか。それとも、帰属への執着ゆえの行いでしょうか。

まるまる物質的な価値観じゃ。それ以外にない。

帰属する場に、なぜそこまで執着せねばならぬのか。

先に申したように、帰属意識を解き放っていくことが必要なのじゃ。

家の伝統、財産に固執するという行為は、逆にたましいを、その帰属に封じ込めていってしまうことであろう。となれば、それは誤りであるということ。

しかしうまくできたもので、そのような家には、必ずといっていいほど反逆児が生まれる。それは、そこを打開せよという働きじゃ。その家系の小我《しょうが》においては困った息子、困った娘、反逆児などと言われるが、しかし大我《たいが》から見れば救世主であるのじゃ。見た目のことと、たましいの理由は別であるわけじゃ。

そしてもう一つ。それを誤りとするは、それが悪《あ》しき伝統、いわば原始的あり方でもあるということじゃ。

以前は、ましてわしがこの現世《うつしょ》に生きていたころにおいては、いわば村制度、群れ制度があったのじゃ。今の時代と違い、さまざまな掟《おきて》をつくらねば生きてはいけなかったのじゃ。いわば、肉体を存続させていくこと自体が大変であったのじゃ。それがために、より小我のかたまりとなっていたのじゃ。

しかし時代が変われば、先の話の、大家族が小家族となるのと同じように、学びのあり方は変わっておるのじゃ。今、良し悪しは別として、わしがいた時代よりはもっと選択肢がある。家のあり方も、かたちはさまざま変わっておる。

しかしその中で、帰属に執着する家というものがいまだ存在することも確かである。今、現世のときは変わっているのにもかかわらず。

それは、ほとんどが小我の目であるのじゃ。弱き者の表れ。

されど、これも光と影。反対もあるわけじゃ。

どういうことか。つまり、そのような影を社会に見せることが、他の者たちへの警告の役割を果たしているということ。

そのような帰属する家族の争いを見ることにより、そこから学ぶ者たちも多いわけじゃ。それらを見た者たちは、帰属に執着するわが身をも戒《いさ》める。それはそれで、ためになっているのであろう。

家の伝統や財産にこだわるあまり柔軟に生きられないのは、帰属への執着であり、先祖への本当の愛ではない

2

親の子への愛には、「大我の愛」が一番こもる。だが束縛や執着など「小我の愛」も出やすい。

子どもに対する親の愛ほど深い愛はないと言われます。「親の子への愛」について教えてください。

親が子を愛す。ここにまさに「大我《たいが》の愛」が一番こもるわけであるが、されど、わが血を分ける、肉を分けるという物質的価値観を表すことが多い。これが、個より表れる「小我《しょうが》の愛」なのじゃ。

たましいと血肉とはまったく縁はない。されど人の小我は弱きゆえ、みずからの肉体、血における連鎖、または関わりを重んずることにより、みずからの孤独、いわば寂しさをも埋めようとしてしまうのじゃ。

そして、その負の意識が多くの障害を生む。障害とは肉親間の争いであったり、無理解じゃ。しかし障害から孤独を得ることにより、みずからのまことの愛のあり方を知るわけじゃ。

はじめに申したように、親の子への愛は「大我の愛」にもっとも近い。いざ大いなる障害に当たったとき、親の愛は子を無条件にかばおうとする、守ろうとする行動に出るわけじゃ。子が自分自身にどれだけのことを与えてくれるかはその場には存在せず、ただがむしゃらにわが子を守ろうという情に走るわけじゃ。

そしてまた逆もあり、子はわが親を守ろうとする。

その情は、小我から出《いず》るものもある。しかし、何一つ条件を持つことなく、ただたましいの感動として身内を守ろうとする行動、いわばたましいの行動に走るとき、それはまさに大我および神我《しんが》を表すわけじゃ。そこで人は、肉体を超えた、物質を超えた、まことの愛を見ることとなるのじゃ。

親が子を思う愛には、無条件に相手を守り慈しむ「大我の愛」、たましいの感動が、もっとも表れやすい

一方で、わが子への愛《いと》しさあまって「こんなにあなたのためを思っているのよ」と、過干渉や愛の押しつけに走る親も多いものです。

それは「小我《しょうが》の愛」。またその前提に、物質を中心とした価値観があるのじゃ。子を物質的成功へと急がせようとする親の心が、そうさせるのじゃ。

人はあまりにも急ぎすぎる。この今生《こんじょう》の中で実らねば不幸と思っておるのじゃ。経験多き者は、経験の満たない者に対し、つねに腹を立てる。みずから多く経験を重ねている者には――それは小我の上での経験じゃぞ。たましいの経験と違う――、経験乏しき者の結果が見えるのじゃ。ゆえ、その者が歯がゆく思えるわけじゃ。

ぬしらの世にはよくあることであろう。親子関係に限らぬ。

たとえば、右に出れば必ず良しと出る。左に出れば失敗する。それが経験多き者にはよくわかるゆえ、左、左と行ってはならぬと、経験乏しき者に申すわけじゃ。右にゆくべきじゃと。しかし経験乏しき者は、左、左と行ってしまう。それに腹を立てる。これは小我なのじゃ。たましいを見ておらぬのじゃ。

たましいは今生のみではないのじゃ。どの者も長き長きたましいの年齢、いわばたましいの歴史を積み重ねておるわけで、これからまた、ゆく先も、どんどんと道を広げて進めていくわけじゃ。

となれば、その者の成長こそ大切であり、今を成功させることが大切なのではない。今の物質を成功させることではないのじゃ。

大切なのは、その者の目覚め、気づきなのじゃ。それがたとえ今生でできずとも、来世《らいせ》においてできるのであれば、それはそれで成功なのじゃ。その者のたましいを見据えるよりほかないのじゃ。

その者を強引にでも変えようと目くじらを立てるのは、物質的価値観。それがその者にとってよいことと思ってしまうのも、物質的価値観であり、これすなわち小我なのじゃ。

この微妙な違いに気づける者を、大人のたましいと申すのじゃ。

わが子を物質的な成功へと急がせるのは「小我の愛」。ときには失敗をも見守る寛容さこそが、本当の親の愛

「母性愛」「父性愛」というものは、人間のたましいに、もともと資質として備わっているものなのでしょうか。

さようじゃ。もともと備わっているのじゃ。

母性愛、父性愛は誰にでもある。ただし本当の母性愛、父性愛じゃぞ。小我《しょうが》ではないぞ。小我から見る母性愛、父性愛ではなく、大我《たいが》から出《いず》る母性愛、父性愛。

それはあるのじゃ。

それは、母性愛、父性愛が、すなわち大我、神我《しんが》であるからじゃ。

ぬしらはみな神である。だから備わっているのじゃ。

母性愛、父性愛は「大我の愛」であり、本来誰もに備わっているもの。なぜなら人間の本性は、みな神だから

誰もが「大我《たいが》の愛」を備えているならば、なぜ幼児虐待をするような親が後を絶たないのでしょうか。

幼児虐待に走る者がおるのは、小我《しょうが》がそうさせているわけじゃ。大我《たいが》がするべき行為ではない。

自分が子どものために不自由な暮らしになっている、という小我の恨《うら》みゆえ、子に八つ当たりをする。みずからの小我より出《いず》る孤独のあてつけで、暴力という小我の行為に出るわけじゃ。

しかし、虐待をする親であっても、育ててはいる。その一点だけ、大我なのじゃ。

人は、その大我をまこと失うことはない。しかし、大我がほとんど見えなくなったときに、大きな問題となるのじゃ。

近年増えている幼児虐待などの問題は、親の孤独ゆえに小我が大我を見失わせて起こる、誤った表現の一つ

「人は、その大我《たいが》をまこと失うことはない」とは、大我《たいが》を「見失う」ことはあっても、完全に「失う」ことはありえないということですか。

さようじゃ。現世《うつしよ》には、ほとんど小我《しょうが》に近い者もいる。しかし大我《たいが》は絶対に消えぬのじゃ。

ぬしらに、傲慢《ごうまん》という影の話をしたことがあるな。人の傲慢は影と同じで、どんなに消しても消えきらないものであると。この話の逆であって、光もまた、闇《やみ》によって消そう消そうとしても、絶対に消えぬのじゃ。

むしろ、闇をすべて光に変えることはできる。みずからが光になれば、闇はなくなり、すべて光に変わるのじゃ。しかし光をすべて闇に変えることはできぬ。人は神の粒子である以上、光を消そうと思うても、まったくすべて消すことはできぬのじゃ。

一点の光を闇が覆《おお》えば光は消える。しかし、それは長く続かぬ。なぜならば大我を持つゆえ、苦しいからじゃ。光、愛を消そうとすれば、大我、神我《しんが》は苦しいのじや。

となれば、一点の光でもまたつくってしまうのが、これまた人の神性。それが、落ちこぼれたとしても、人が天使であるゆえんなのじゃ。

人が「神の粒子」である以上、大我という光がたましいからまったく消え失せてしまうことはない

3 親孝行とは、親の「大我の愛」には大我で報い、「小我の愛」は大我をもって否定すること。

親の身勝手な期待や過干渉につぶされそうな子どもを見ると、かわいそうになります。

なぜじゃ。その家を選んできておるのは、その子自身じゃぞ。そして、その子も成長の中で、たましいに力があればそれを脱するのじゃ。

ときに反発、反抗というかたちをとることもあろう。子の反発、反抗は、物質社会でははなはだ不幸と見えるやもしれぬが、それが正しきこともあるのじゃ。たましいの成長と言えることもあるのじゃ。

また、それがなくとも、その者がある程度の肉体的成長を果たせば、家からどんどん離れることもできるのじゃ。

問題は、親の力ゆえに抑えつけられているという、その者の被害者意識じゃ。ある程度幼きときはそれもあろう。しかし幼きときは、それはみずからが選んだ宿命じゃ。

そして、みずからが動ける肉の年となって以降は、その者のたましいの問題。ゆえ、被害者という考え方は大いに傲慢《ごうまん》じゃ。

現世《うつしょ》にはよくあるな。このような育てられ方をし、さまざまな家の問題が覆《おお》いかぶさるから自分は身動きがとれない、という者が。それは違う。身動きせぬ裏には、みずからの家、家族が、そのままであって欲しいという小我《しょうが》の思い、小我の念が、子にあるのじゃ。

しかし、家族が崩れたほうが幸せということもある。愛とはそこまで大きく飛躍もでき、大胆な行動もとるのじゃ。

愛は強く、裏切らぬ。失ったときこそ見えるものがあるのじゃ。

たとえ家族みなが、物質の上では地の底に墜《お》ちたとて、愛、絆《きずな》はよりいっそう強まることが多い。たましいは、むしろそうなることを望むのじゃ。

子は、親、家を選んで生まれてくる。親からの抑圧、過度の期待や干渉も、成長に必要な課題と考えるべき

家業を継《つ》がないなど、親の期待を裏切ったことで罪悪感を持っている人がいます。親の期待に添わないのは「親不孝」ですか。

親の期待に添わないことを、すべて「親不孝」ととらえるのは間違いじゃ。このこともまた動機から、大我《たいが》、小我《しょうが》で細かく見ていくべきなのじゃ。

ある者が、先祖代々伝わってきた家業を守らねばならぬということを、親から強いられていたとする。しかしその者はそれがいやで、逆らいたい。ましてその家業は、人から金を巻き上げたりと、必ずしも善なる気持ちから営《いとな》まれていない。いわば物質欲まる出しで、因果《いんが》をつくり上げてしまうと思うていたとする。

その者が、その家業を継《つ》がぬと徹底して反発することも正しい。しかし親である以上、そこまで育ててきたということは、大我があるのじゃ。子にも親を思う大我があろう。そこで葛藤《かっとう》するであろう。その葛藤があるからこそ、自分自身がどこまで親を大我として愛しているかを知ることとなろう。

そこで結果、家を離れたとする。離れたからと、一切音信不通で何もしないとすれば、それは学びのない者じゃ。

しかし愛念は送り続け、つねに親を敬《うやま》っている気持ちがある者は、何かしら身体や行動に表れやすいわけじゃ。みずからがその家業を継ぐことはなくとも、いついつまでも親と関わり合いたいという意志は持ち、行動に移すはずじゃ。その先に、いつの日か和解していくこともあろう。それも学び。

また逆に、その子が悩み悩んだ挙げ句に、家業を継ぐと決心したとする。いわば小我に従ったとする。それも道なのじゃ。

生業《なりわい》のためではなく、表に出てたましいを働かすことが、みずからの職業的才能からして正しいというならば、先の道がよいであろう。しかしみずからがさほどの器でないと判断した場合、また自分の負《お》い持てる業《わざ》も家業を継ぐにふさわしいと思う場合は、継ぐべきであるのじゃ。

継ぎながらも、みずからの代では親の代とは違うかたち、よりよいかたちに変えて、この家系の因果《いんが》を解放させていきたいと働くならば、それもまた小我を大我に変える道。また、親の大我に対し大我で返す、という道であるのじゃ。

一方の道しかないわけではないのじゃ。答えは一つにあらず。

その場、その場の動機が大事なのじゃ。大我と大我、小我と小我、この関わり方の、いわゆるぬしらの言葉でいうバランスをとる感性こそが大切なのじゃ。

すべては動機とたましいの器、すなわちたましいの成長度合いにあり、どれが正解でどれが間違いということはない。

ただ小我に対し小我のみで反応し、大我を無視した場合、その行いが未熟であるということは確かじゃ。


親の期待を裏切ることが、イコール親不孝ではない。大切なのは、親子それぞれの行動の動機に愛があるか

自分に向けられた親の愛が「大我《たいが》の愛」か「小我《しょうが》の愛」かを見きわめるのも、子にとっては大事だということですか。

さよう。しかし、小我《しょうが》まるまる、大我《たいが》まるまるということは、ありえぬはずじゃ。小我強きことか、大我強きことか、そのどちらかなのじゃ。

親の小我に関しては否定すべきであろう。それは悪いことではない。この現世《うつしよ》の小我的見方、いわば物質としての見え方においては、つらきことでもあろうが、しかしそれを否定することに罪はない。

また、どの親にも大我の部分もあろう。大我に対し大我を返すということを、つねに思うていればよいだけなのじゃ。それは、ほかのすべての人間関係についても同じじゃ。

親が子に託すことを子が否定し、その否定したことにより、親子が断絶することもあろう。しかし親に大我がある以上、子はその大我に対しては、目には映らずとも、親がその場にはおらずとも、親を敬《うやま》い、親に対し愛念を送り続けることが必要なのは、当然なのじゃ。それが大我に対する愛じゃ。

小我は否定し、しかし大我には大我で返す。小我を否定するときに大我をも否定する行動をとるとすれば、それは子どものほうにも問題があるのじゃ。

親の子への愛の中にも、大我と小我が混在している。
大我には大我で報い、小我には大我で否定するべき

4 母性愛、父性愛の学びは、みずからの血肉を分けた子どもがいなくても果たされる。

子どもを持てない悩みについて伺います。他人が産んだ子どもを育てる道もありながら血のつながったわが子にこだわるのは、小我《しょうが》的発想ですか。

さよう。みずからの孤独を癒《いや》したいという小我《しょうが》なのじゃ。もちろん、わが腹を痛めたいと思う気持ちはわかる。それがかなわぬことを悲しく思う気持ちもわかる。しかし、本当にそれのみの志である者は、次なる段階に進んでいくはずじゃ。

そこで停滞するは、まことその心のみではなく、結局は小我、物質的欲望を満たそうとしているにすぎないということ。いわば、人の持っているものを自分も欲しいという気持ちと、一緒じゃということ。

ほんに腹痛めたいという願望だけであるならば、それがかなわぬつらさは、早いうちに克服するであろう。それよりも、次なる実践、行動じゃ。

みずから腹痛めた子でなくても、抱くことにより、その瞬時にみずからの子と思うことであろう。子を抱かぬから、わからぬのじゃ。

自分で産めなくても心から子どもが欲しいならば、血縁への執着を捨て、選択肢を広げるべき

「みずから腹痛めた子でない子を抱く」とは、たとえば養子を育てることなどでしょうか。親子の絆《きずな》が実の子に比べ、弱いのではないですか。

みずからの腹痛めずとも、子を受け容《い》れるという気持ちを持ち、その子を抱いたとき、その赤子は、わが身のみを頼りに生きておるということが伝わる。となればそのとき、即、母または父となるわけじゃ。それは誰でも一緒じゃ。

突然、今ここに赤子が連れてこられ、ぬしらで面倒を見てもらいたいと置いていかれたとする。ぬしら夫婦は、家族でもない。しかしその子を抱くとなれば、もう抱いたその瞬時より、その子が気になるはずじゃ。置いては帰れぬはずじゃ。抱いた瞬時に、絆《きずな》というものが生まれてしまうのじゃ。

なぜ、その絆が生まれるか。互いがたましいであり、縁があるからじゃ。もしそのようにやってきたとするならば、それ自体が導きであるからじゃ。選ばれた策であるからじゃ。

ゆえ、そのような者たちは、赤子を抱いてみるがよい。

それでもわが子と思えぬならば、それはまったくもって、みずからの思いは小我のみであると確信すべきじゃ。

そうでなき者、そのとき赤子を抱けば、どのような過去の悲しみあろうとも、わが腹を痛められぬとあろうとも、今目の前にいるその稚子《ややこ》に対し、母とならねば、父とならねばならぬと、強く心に思うであろう。

「大我《たいが》の愛」とはそういうものじゃ。


血のつながりがなくても、霊的に親子の縁がある子とは出会う。絆の強さに変わりはない

子育ての経験は「大我《たいが》の愛」の学びに欠かせませんか。子どもを持たずに仕事などに専念する生き方は、母性や父性という学びの放棄でしょうか。

子を育てるということは、物質的に大変なことが多いのじゃ。時間や体力、または経済力、そのような苦しみであるのじゃ。しかしそれは、時間や体力の忍耐でいいわけじゃ。もちろん知恵も必要であるがな。

子育てという経験を必要とする者には、その経験が必要なのじゃ。しかし、そうでない者もいる。

また、子育てをせぬことが母性、父性の学びの放棄か否《いな》かも、すべてそうとは限らぬ。なぜならば、そのような者たちには、必ずまた違うかたちでの母性、父性の学びがあるからじゃ。

なにも赤子を育てるばかりが学びではないのじゃ。これも、見た目で判断してはならぬことの一つじゃ。

子育ての経験だけが、母性や父性の学びとは限らない。むしろ、違うかたちでの学びが必要な人もいる

子どもを育てる経験がない人にとっての「違うかたちでの母性、父性の学び」とは、たとえばどのようなことでしょうか。

ぬしは先に、子どもを持たぬと決めた者は、たとえば仕事に生きると言うたな。それはそれで、今度は関わる人との間で、母性、父性を学ばねばならぬのじゃ。ある者においては、部下を持つことを通して学ぶであろう。逆に、孤独というところで母性、父性の働きがあることもあろう。

結局のところ、母性、父性の学びは同じなのじゃ。ゆえ、赤子を手に抱くか抱かぬかのみで決めてはいかんのじゃ。

子を持たぬと決めた者、そのような者をよく見てみるがよい。必ず環境の中で子に代わる誰かを育てねばならぬことが多い。いわば部下を育てるなり、人の面倒を見なければならぬことが多いはずなのじゃ。その中で学びがある。もしやすれば、赤子を育てるよりも大変な学びの部分もあるはずじゃ。

肉体、その他の親心としての心配は、子を育てるよりは薄いやもしれぬ。なぜならば、ある時間を過ぎればみずからの時に帰れる。しかしみずから稚子《ややこ》を持つ場合、つねにその子との絆《きずな》は切れぬのじゃ。

大人のたましいのふれあいは、二十四時間、日ごとともに過ごすわけではない。その分、体力的には楽さもある。しかしその者は、わが子として育てた者ではない。いわば他の家族、他の帰属の集合体であるゆえ、なかなか母性、父性がうまく伝わらぬこともあるのじゃ。ともすれば反発、反感を買い、思うように動かぬと悩むこととなる。そのような者が、世の中に多いではないか。

と思えば、育て上手、慕われ上手な者もおる。

仕事をせぬ者とて、夫や妻や、親、兄弟姉妹、友達《ともどち》との関わりの中で、母性、父性を持たねばならないことがあろう。

みなそうしてどこかで人と関わり、母性や父性を学んでおるのじゃ。

すべてが学びなのじゃ。子を抱いたか抱かぬかというような、目に映ることがすべてではないのじゃ。

実際の「子育て」ばかりでなく、部下、友、夫、妻、親などさまざまな相手との関係の中で、人は母性や父性を学ぶ

5

結婚とは、異なる生い立ちを持つ者同士が、小我をぶつけ合いつつ大我を広げていく修行。

たましいの視点から見た「結婚」というものの意味を教えてください。

人は家族という中で生まれ育つわけじゃ。とすると、その帰属の比重は、外より内のほうが大きいはずなのじゃ。だのに、やがて他者を愛するようになるわけじゃや。

小我《しょうが》の絆《きずな》の強き者は、みずからの生まれ育った家族であろう。夫婦になるということは、それよりも一歩外へと躍進する方法なのじゃ。

血のつながりはない。現世《うつしよ》での育ちがまったく違う筋の者と愛し合うわけじゃ。そこで、結婚ということをする。

となれば、その中ではぶつかり合いがあろう。なぜならば、まったく違う小我の帰属より来た者同士であるからじゃ。ぬしらの世の言い方で申せば、「生まれも育ちも違う者たちがともに歩む」。ゆえ、それなりの障害もある。その中でまた、小我を見つめるわけじゃ。

大我《たいが》の比重の大きい結婚は、感性で目覚めた愛の部分。

しかし、人はみな小我であるから小我を持ちうるわけで、その小我の中でのぶつかり合いもするのじゃ。そこで大我が勝《まさ》るか、小我が勝るかの合戦となる。

おおよその夫婦は、そこで大我が勝ってゆくことが多かろう。ゆえ、慈《いつく》しみ合う夫婦、いわば仲のいい夫婦、家族となるのじゃ。もっとも、すべての小我がそこで抜け出るわけではないがなあ。

結婚とは、生まれも育ってきた環境も違う二人が、衝突し障害を乗り越えながら、霊的成長を目指す修行

「恋愛」と「結婚」は違うものですか。恋愛中と結婚後で、二人の関係、愛はどう変化するのでしょうか。

恋愛は、より無責任な学びなのじゃ。ただ人を好きという感情を持つ、非常に基本的な、子どものたましいがすることなのじゃ。

恋愛は気持ちの上でも誰でもできる。たとえ思うだけの、ぬしらが言う「片思い」であっても、恋愛なのじゃ。恋愛とは感性であるからじゃ。相手にときめく、好きになる。このような子どもの反応であっても恋愛なのじゃ。

結婚はそうはゆかぬ。結婚は小我《しょうが》のにらみ合いであり、ぶつかり合いじゃ。恋愛はよきときだけであるが、結婚は、いやがおうでも相手の小我を見てゆかねばならぬのじゃ。忍耐、苦労が伴《ともな》う、より本格的な修行への道なのじゃ。

そして結婚は、かたちとなって表れるのじゃ。小我同士のぶつかり合いの中で、その小我を大我《たいが》へと、少しでも光を増やした夫婦が、生き残れる夫婦。いわばまことの夫婦となれる夫婦じゃ。しかし、お互い磨き合えない者には、別れがくるのじや。

とはいえ、出会いと別れ。その結果はどうでもよい。結婚、離婚ということなど、それがどうしたという話じゃ。かたちの変化にすぎないのじゃ。ただただ長続きしたとて、小我同士の夫婦はたくさんいる。現世《うつしょ》の打算で生きる夫婦など、みなそうじゃ。

ただ結婚が、より学び多いことであるのは確かじゃや。

恋愛は感性の経験であり、たましいが幼くてもできること。一方、結婚は忍耐や苦労が伴う、より本格的な修行の道

離婚よりむしろ、夫婦としてのかたちが続いても「大我《たいが》の愛」を育《はぐく》めない状況があれば、そのほうが問題だといえるでしょうか。

さようじゃ。小我《しょうが》同士のぶつかり合いの中でも、まったく大我へ向かう進歩の見られない者もいる。

それはどういうことか。小我同士が小我的な理由のみで結婚をする者も多いということじゃ。自己保存のために結婚を考えるのじゃ。

要は、相手の小我としての物量を重んじる、いわば物質的価値観のみで、結婚をする者たち。相手の家柄、財産の多い少ないなど、みずからの肉体が生涯食いっぱぐれないかどうかで、結婚をする者たちも多いわけじゃ。

今の現世《うつしよ》には、あまりにもそれが多いな。医者だ、事業家だ、地主だ。さまざまある。しかしその小我も、永遠とは言えぬ幻であるがな。

もちろん、その結婚の中にも大我はあろう。小我のみだけで結婚を果たせるならば、それはまた悲しきことであるゆえ。しかし小我の大きさ、比重のほうが大きいことは確かじゃ。

それらの者たちが結婚したあと、大我を学ぶことがまったくないわけではもちろんないが、小我にしがみつきすぎれば大我の学びが少なくなっていってしまう。

先ほどわしは、その小我も永遠とは言えぬ幻ではあると申した。それは、いわば小我、物質を失ったときに、夫婦が存続する意義を失うということじゃ。

ゆえ、この現世、物質を失ったがゆえの離婚があまりに多い。それが本《もと》つ小我の所有物を期待している、小我同士の結婚というものじゃ。


経済的な安定や家柄など、物質的価値観による結婚は、霊的な絆が弱く、本質的な学びがおろそかになりやすい

結婚が、大我《たいが》を広げるための「本格的な修行」ならば、独身で生きている人は、それができないということでしょうか。

前にわしは、愛することにより愛を学ぶことと、愛されることにより愛を学ぶことは、光と影のようなもので、同じであると申した。

夫婦であるか、独身であるかも同じじゃ。夫婦であることによる光と闇《やみ》もあれば、独身であることによる光と闇もある。すべて光と影。陰と陽なのじゃ。

独身であるがために、夫婦の愛の尊さを学べる。

夫婦であるがために、夫婦の愛が学べないこともある。小我《しょうが》のみを見るから、物質としての相手でしかなくなり、夫婦のありがたみに欠ける。それが世の夫婦ではないか。独身の者のほうが、夫婦の尊《とうと》さを知っていたりする。

また、逆もあろう。独身である者は、独身としての悲しさを語る。しかし夫婦でいる者は、お互いを譲り合うという、小我を削ってゆかねばならぬ苦しみにある。

ということは、夫婦である者のほうが、独りということの幸せを知っていたりする。

光と影。陰と陽。すべてこの法則なのじゃ。

夫婦であることも、独身であることも、愛を学ぶ上で同じということなのじゃ。違うて見えるのは目に見えるもの。いわば肉眼を通して見えるもののみ。

人との関わりでもって愛を学ぶ道もあれば、孤独でもって愛を学ぶ道もあるということじゃ。なにも恋愛、結婚ではなくとも、友達《ともどち》、生業《なりわい》の関わりでも同じであろう。

巷《ちまた》、いわば街で人と暮らして、人と関わって生きる道もあれば、孤島で孤独に暮らすことも、愛を学ぶことに変わりはない。光と影、陰と陽、それと同じなのじゃ。


結婚しようと独身を貫こうと、学ぶ方法が違うだけ。どちらも愛を学ぶ人生であることに変わりはない

一般的に、結婚相手は育った環境や学歴などが近いほうがよいとされていますが、結婚が修行ならば、二人の差違の大きさも、強力な学びになると言えませんか。

さようじゃ。しかしそれに耐えうるかどうかなのじゃ。それをみずからに問う必要がござる。

必要以上の苦難、みずからのたましいで支えられる以上の苦難により、たましいがよりいっそう陰りを持ってしまう者もいる。ゆえ、なにもすべて無理なことをしろというのではなく、ある程度の学びができうるように、見つめよということなのじゃ。

たとえば、物にしようか。

一方の者が物質的なる価値観の家で、または物質を豊富に持っているとする。その相手が、その物質に乏しい家だとする。むしろ貧しき家だとする。あまりにも家柄が違いすぎる。それでも乗り越えられるかどうかは、そのときそのときにより違うのじゃ。

いわば、その者たちのたましいが、どれだけしっかりと地に足つけているかなのじゃ。

でなければ、その者たちの現世《うつしよ》的な器、そして現世を超えられるたましいの力が伴《ともな》わねば、それがために大きな障害を生んでしまうこととなる。その障害により、たましいがまったくもって機能しなくなることもある。いわば精神の病などにかかり、この先の人生がなかなか思うようにいかなくなることもあるのじゃ。

それほどの問題をもたらすほどであるならば、無理を押さぬ道もあろうと、申しておるのじゃ。

生まれ育った環境や家柄が違いすぎる二人の結婚には、そこから生じる問題を克服するだけの強さが不可欠

取り巻く環境に障害の多い二人でも、「愛があればやっていける」とあえて困難な結婚の道を選ぶこともありますが。

財産を捨ててでも一緒に、ということであるならば、よいのじゃ。たましいのつながりとして一緒になるということであるならば、相手が金を持っていようがいまいが、まったく関係ない。

要は、何か良い悪いではないのじゃ。表面的な釣り合いを言うておるわけではないのじゃ。その者たちが問われているのは、必ずや、どれだけ小我《しょうが》が強いのか、大我《たいが》を備えているのかじゃ。

小我を期待する気持ちがお互いの中にあれば、その中に依存せねばならぬ。となれば、それに服従しなければならぬのじゃ。しかし、まことのたましいの絆《きずな》であれば、よいのじゃ。

また、たましいがしかと成長しているのかどうかも、見きわめるための秤《はかり》となろう。そこを測らねば何一つわからぬのじゃ。

現実的に障害の多い二人でも、依存心を持たず成長したたましい同士の絆があれば、結婚は可能

夫と妻の役割分担は、どんどん曖昧《あいまい》になっていますが、家事や育児など、昔ながらの性別による役割分担は重んじるべきでしょうか。

一言で申して、どうでもいいことじゃ。

今の現世《うつしよ》の夫婦は、やれ掃除だ、やれ炊事だということの中で、役割分担を気にするが、まったくどうでもいいことなのじゃ。

されど、役割分担はあるのじゃ。いわば、宿命的な役割。これを果たすことは大切なのじゃ。

ではたとえば、男が子を産めるであろうか。産みたいといくら思ったとしても、産めぬのじゃ。

男に生まれる、女に生まれる。そこには必ずや、その者のたましいの意味があるわけじゃ。わしがつねに申す、お題じゃ。それを重んずることは大事なのじゃ。

また、目に見えぬ部分で、男には父性、女には母性という役割がある。茶碗を毎日洗っている男がいたとしよう。その行いは母性であるか。いや、そこに込められているのは、父性なのじゃ。母性と父性も光と影、同じことなのじゃ。

現世には、父親のいない母子家庭というものがある。その母は、父親役をも果たそうとがんばるであろう。しかし最終的には、どのようにしても男の代わりはできぬと言うはずじゃ。逆も同じ。父子家庭の父親は、母親代わりはできぬと思うはずなのじゃ。

目に見える役目は果たせても、代わりにはなれぬ。それ自体、母性、父性という宿命的役割があることを示しているのじゃ。

家事などの見えるかたちでの役割分担はどうでもよいが、母性、父性という男女の宿命的な役割は重んじるべき

家族内での恋愛、いわゆる近親相姦はどの社会でもタブー視されてきました。霊的視点で見ても、これは問題のあることですか。

すべてのたましいは、基本的に、広義の類魂《るいこん》じゃ。その中から別々の家に生まれ出《いで》た二人が、恋愛して結ばれるのが、ぬしらのごく一般の恋愛、結婚というものじゃ。

では、たまたま同じ家に生まれ出《いで》た親子や兄弟姉妹たちには、そのようなことがまったくないかといえば、そうとも限らぬ。いわば、類魂から出《いず》る間違った小我《しょうが》の上には、そのような恋愛はありえることなのじゃ。決しておかしいことではない。

がしかし、このような恋愛が、たましいの学びから見て問題があることも事実なのじゃ。

先にわしは、家族とは、小我として愛を学ぶための最初の帰属であると申した。そしてやがて家族という帰属を捨てて、一歩ずつ外へ向かっていくのが、たましいが愛を学んでいく道であると申した。

となれば、ある程度の肉の年になれば、外へ、外へと向かって広がっていかねばならぬのじゃ。しかしそのような者たちは、内へ、内へと向かう愛になっているわけじゃ。そこに間違いがあるのじゃ。

なぜそのようなことが起こるのか。それは、その家に、内にしか向かえぬ、いわば閉鎖された状況があるからじゃ。その状況にある者にのみ、起こることなのじゃ。

たとえば、親を含めたその家の者たちが、世間は怖い、他は悪だなど、つねに家の外に対し恐れを抱いている場合。親がひどい目に遭《あ》っていたり、もしくは差別なり、社会から悪意でもって封鎖されていた場合。その家の者のたましいは、内へ、内へと向かってしまう。

しかしそのような中でも、人というものは愛を望むのじゃ。ゆえ、たとえば母と息子の場合であるなら、母が母、息子が息子にもなり、恋人にもなり、友達《ともどち》にもなり、すべての役割を果たすようになるわけじゃ。兄と妹でも同じ。お互い兄妹でもあり、恋人、友達でもあるということになるわけじゃ。

このようなことは、その者たちが外へ向かってゆかぬことにも問題があるが、しかしそれのみにあらず。
社会が、差別なりによってその者たちを押し込めている場合があるのじゃ。となれば、その者たちと社会、両方に原因があるのじゃ。責任があるのじゃ。

たましいは本来、学びを外へ広げていくべきなので、家族内の恋愛には問題がある。原因は社会にもある

第３章

叡智に至る道

今ある日常から一歩ずつ神の光に近づくために

悲しみを多く経験すればするほど、
人はやさしくなると言います。
深い苦悩を味わった人ほど、
他人の心がわかると言います。
人間の心のこのような成長には、
いったいどんな意味があるのでしょう。
私たちの心は、日々
どこへ向かっているのでしょうか。

1 「愛することの真理」へ至るための近道はない。徹底して経験を積むことが、唯一の学びの道。

見返りを求める「小我《しょうが》の愛」を脱して無償の「大我《たいが》の愛」を実践するために、学びの近道はありますか。

近道はない。まことつらきことではあるが、人は「経験」が一番の学びで、経験以外の学びはないのじゃ。

直接的経験でなくとも、人の姿を見てわが身を知るのも経験じゃ。間接的経験なのじゃ。その間接的経験も、まこと心から同じく経験せねば、それはくり返してしまうことになる。いわば、元に戻ることも多いのじゃ。
しかしみずからが経験したことは、そして、それがまことの輝きとなり、磨きとなるならば、戻ることはないのじゃ。

経験こそが、真の愛を得るための一番の学び。特に、自分自身が直接経験することは、たましいに深く刻まれる

学びとなる「間接的経験」とは、どのようなことですか。他人の気持ちに寄り添って感動したり、他人の失敗を教訓にしたりすることですか。

さよう。

どのような闇《やみ》も、はたから見れば「学び」にござる。すべて闇ばかりでもなく、闇には光も存在するのじゃ。「学び」ということは、大我《たいが》に至る道であるわけじゃ。それゆえ、大我の気づきを与えているということ自体、奉仕となる。

すべての闇もなく、すべての光もない、とわしがつねに申すのは、そういうことなのじゃ。

どのような小我的行いでも、実は、その姿を目にする人に気づきを与えるという役割を果たしている

今の日本では、メディアも発達し情報の種類も多く、私たちが「間接的経験」から学べる機会は豊富です。それだけ「学ぶ必要のある時代」だということですか。

さよう。

しかし、学ばなければいけないと言いながらも、みずからのたましいの器に合った分量しか学べないことも事実じゃ。胃袋と一緒じゃ。どれだけ品数が豊富になろうとも、食べられる範囲は同じ。また胃袋に入ったとしても、それを消化する力にも限度があろう。それと同じじゃ。

今の世の中は、間接的経験の種類も量も増えているが、学びとして消化できる分量は、その人のたましいの器による

さまざまな生き方の選択肢がある中で、今の自分の人生がある。それがどのような境遇でも、たましいが自分に最適だと、選んでいるものなのですか。

さようじゃ。

また、そのたましいも今生《こんじょう》においてはそう選んでいるが、たましいの流れの中では、また別のかたちにおいても学んでおるのじゃ。

たとえば、夫婦でともに生きる人生もあろう。独り身で学ぶ人生もあろう。子を持つ人生もあろう。持たぬ人生もあろう。

お題はどんどんと展開し、広がってゆく。

わしは前に申した。経験がすべてじゃと。ということは、かたちの良し悪《あ》しではない。多様な経験を重ねることが大切であるのじゃ。

すべてを知ることにより、たましいの理解となるのじゃ。

たましいは、幾度もこの世に生まれ、そのつど異なる生き方を選び、経験を豊かにして学びを深めている

人生の苦難がたましいを磨いてくれるというなら、私たちは、わざわざ「苦難を得るために」この世に生まれてきた存在なのでしょうか。

ぬしは今、「苦難を得るために」と申した。

しかし人は、苦難を「得る」ために生まれてきたのではない。小我《しょうが》が苦難を「生む」のじゃ。

したがって、小我が小さければ、それだけ苦難もないわけじゃ。

わかるかな。

言うてる意味は同じではあるが、とらえ方の違いは大きいのじゃ。でなければ、誰もが「苦難さえ受ければよい」ということになる。

小我が小さければ、いわば影が小さければ、苦難は小さいわけじゃ。

しかし、小我なき者はおらぬ。したがって、誰もが苦難を「得る」ことにはなる。だが、「苦難を得るために」という言い方は間違っている、ということじゃ。

人生の苦難は、本人の未熟さが「生み出して」いるもの。
たましいが成長していれば、それだけ苦難も小さい

起こる原因も意味もわからないまま
ただ苦難に耐えていても、幸せは訪れず、
真理を見出すことにもつながらないのですね。

さようじゃ。

それに、小我《しょうが》を大我《たいが》へ目覚めさせることを、苦難、苦しみ、難儀と呼ぶべきであろうか。本《もと》つ光の類魂《るいこん》からすれば、光の世界より見れば、それは「喜び」にござる。苦しみ、難儀とは思わぬ。

苦しみ、難儀と思うは、まだしがみつく小我が発する言葉ぞ。ゆえ、「苦難を得るために生まれてきた」という言葉自体、たましいの向かう姿勢が違うのじゃ。

喜びを感じれば、小我の影が小さくなる。小我が小さくなれば大我が大きく占領するわけで、大我が占領するということは、これすなわち、「幸せ」ということなのじゃ。

幸せを得るためにある道が、なぜ苦しみ、難儀なのじゃ。それは小我を重んず

る、小我の側に立った物言いであるということがわかるかな。それを苦しみと思ってしまうことが、小我であり現世《うつしよ》的な発想であって、本来はまったく逆であるということ。

人はみな、言葉を間違える。「苦難」という言葉を重んじ、苦難を得て、まこと幸せと思えるであろうか。

幸せと思うほど大我をふくらませたとき、それを苦難とは思わぬようになるはずじゃ。

小我がそれを苦難と思うのは、頭だけでの理解にしか達していないからじゃ。まこと生き方そのものに到達していれば、苦難という言葉は使わぬはずなのじゃ。大我を重んずれば幸せと思うわけで、決して苦難ではないととらえるはずじゃ。

しかし、幸せの定義が小我であれば、苦難と思えるやもしれぬなあ。

小我の視点から見て「苦難」だと思えることも、大我の視点を知れば、「喜び」「幸せ」だと理解できる

2 人の行いの価値は、表面では判断できない。その動機が、大我か小我かで決まる。

具体的な「行動」をとることと心に「思い」を持ち続けること、どちらが真実の愛への近道でしょうか。


残念ながら近道はない。そのどちらの道も同じじゃ。

なぜならば、たましいの働きは目に映ることばかりではない。一番大切なのは、本《もと》つたましいの思い、力なのじゃ。または「動機」なのじゃ。

もちろん、目に見える行動を起こすことは尊重されるべきことではあるが、しかしそう断言もできぬ。なぜならば、これまた行動を起こすということが正しいか否《いな》かは、時と場合にもよるであろうから。

そして、その行動をとることが正しいか否《いな》かの判断もまた、それが大我《たいが》から出《いず》る行動か、小我《しょうが》より出る行動なのか。これにより分かれるわけじゃ。

大我より出る行動であるならば、その行動は正しく、小我より出る行動であるならば、その行動は間違いであるとなる。

また、「思い」――「思い」もまた行動であるのだが――のみであっても、思いのみで行動をとらぬ理由が小我のみによるものであるならば、これは間違い。大我より出る理由による、「思い」のみということであれば、それは、思うという力のほうが正しい。つまり、行動をとらぬことが正しいということにもなる。

目に映ることは、実に頼りないことなのじゃ。すべて基本となるは、大我より出る思いであるか否かということなのじゃ。

どのような愛の行動や思いも、その「動機」が大我によるか小我によるかによって、意味も結果も違う

「無償の愛」の本質とは何ですか。ある種の自己満足ではないかと考える人もいるようですが。

神我《しんが》より出《いず》る愛、すなわち「大我《たいが》の愛」と、「小我《しようが》の愛」。この二つをつねに考えねばならぬ。ただの言葉に振り回されては真理、いわばまことが見えぬ。ぬしの申す「無償の愛」。これは言葉じゃ。本《もと》つ動機がすべてなのじゃ。言葉でいかように語ろうとも、すべての判断は動機なのじゃ。

「無償の愛」が自己の満足となるならば、それは、その本つ力が小我より出《いず》るものであったということの結果なのじゃ。大我より出る「無償の愛」であるならば、自己満足ということはありえぬのじゃ。

ということは、「無償の愛」すなわち自己満足と、一概に言うこと自体がおかしい。すべてはたましいの動機如何《いかん》にござる。

しかし、この現世《うつしよ》においては「無償の愛」という言葉が力を持ってしまうゆえ、その本質であるたましいの動機が見えぬのじゃ。

大我より出る「無償の愛」は神我である。これがまことの愛じゃ。されど現世においては、どのように大我をふくらませたところで、しょせん小我が混じるのじゃ。

ゆえ、大我、小我がどれだけの割合にあるかということが、「無償の愛」と呼べるのか、はたまた自己満足という結果となるのかの、分かれ道となる。

また、もう一つ、その結果を判断するには、すべては行動如何にござる。どのように言葉をたくみに操ろうとも、その行動が伴《ともな》っていなければ、大我と語ろうとも、結果は小我にござる。

「無償の愛」は、言葉ではなく、動機こそが本質。大我を伴わない美辞麗句ならば、自己満足にすぎない

行いの動機が小我《しょうが》によるならば、いくら言葉で「愛」を語ろうとも、必ずそれが結果に表れるということですね。

さようじゃ。

人は影と同じく傲慢《ごうまん》を持っている。その傲慢とは小我であり、どのように大我《たいが》に満たされていると思うても、小我はあるのじゃ。

となれば、大我の中にも小我はちょこちょこと顔を出す。そしてつねに、小我との戦いとなるのじゃ。

しかし、小我は必ず結果として表れる。大我が基本であっても、さまざま問題が起きるのは、その中に一点でも小我があるからじゃ。これはやむをえぬことじゃ。

大我から行っているつもりの行為でも、その動機に一点でも小我が混じれば、必ずその一点が結果に表れる

自分の行いの動機が、大我《たいが》か小我《しょうが》かを見つめ直すために「内観《ないかん》」することは、私たちの成長を促すのではないでしょうか。

言葉の上では、確かにぬしの申すとおり。

しかし、それには前提がある。その前提とは、大我とは何か、小我とは何かを、しかと定義できているということじゃ。

大我、小我、内観と、言葉だけで語ってみても、その大我がいかなるものか、小我とはいかなるものかをしかと心得ていなければ、ただ言葉遊びに時間を費やすだけなのじゃ。

厳しいようであるが、しかし、それが学びなのじゃ。

まず、大我、小我とは何かをしかと学ばねば、内観もできぬ。なぜならば、照らし合わす大我も小我もなくて、内観はできぬからじゃ。

内観して葛藤《かっとう》することが、ただ正しいか。いや、わからずして葛藤しているなら、わからぬとまったく同じなのじゃ。

中途半端な理解であれば、まったく理解をせぬ者と同じ、ということなのじゃ。

理解をしているということ、していないということで分ければ、同じこととなってしまうのじゃ。

実に酷《むご》いと思われるやもしれぬが、それが真実なのじゃ。

大我、小我の定義を正しく理解していなければ、自分の行いの動機を内観しても何の成長ももたらさない

漠然と考えごとをするだけの「内観《ないかん》」には意味がなく、どういう視点で自分の「内」を「観《み》」るか、これが大切だということですね。

さようじゃ。内観とは、ただうつろに考えることではないのじゃ。ただ座禅することでもない。

では内観とは何か。それは、みずからの小我《しょうが》に対し、つねに厳しく管理することなのじゃ。みずからのたましいのあり方をしかと管理することであるのじゃ。それが内観にござる。

みずからが選ぶすべての道、すべての判断、それらをしかとたましいの目、大我《たいが》の目で見据えて判断することが内観なのじゃ。内観の「内」とはどこを「観」ることか。みずからの神我《しんが》より、みずからの小我、影を観るのじゃ。

たとえば、ぬしらが日々放っている言霊《ことだま》。言霊というものは、実に恐ろしいのじゃ。みずからの中が表れてしまうのじゃ。

その言霊を、では表さぬように注意すればいいか。いや違う。出《い》た言霊をすべて流してはいかんのじゃ。みずからの口から出た言霊に誤りがあれば、徹底してその言霊がなぜ表れたかを知らねば成長なく、これぞ内観と言うのじゃ。

「内観」とは、自分自身の行いや判断を一つひとつ大我の目で見つめ、誤ちの原因を厳しく解明していくこと

自分の日々の動機も正しく認識できない私たちに、まして他人の行いの動機についての正しい判断ができるものでしょうか。

人は、この現世《うつしよ》に同じく営《いとな》む同胞《はらから》たちに対して、裁くという傾向がある。それはなぜかと申せば、目に映ることだけを重んじているからじゃ。その者の動機を思うところまでゆかぬがほとんどじゃ。

それ自体が間違いなのじゃ。すべては動機なのじゃ。

要するに人は、みずからの小我《しょうが》で測ることばかりであるのじゃ。他人の動機に対しても、みずからの小我で測ろうとする。

たとえば、隠遁《いんとん》もしくは出家などにより学ぶ者を、小我とたとえるか、大我《たいが》とたとえるか。このこと一つとっても、すべて、思う人間、思うたましいの「思い癖」が表れるのじゃ。

たとえば常日頃、みずからが小我でもって、世捨て人を気楽に思っているならば、みずからが被害妄想という中にある証《あかし》なのじゃ。

人を判断するときに大切なのは、みずからのたましいに喜びがあり、幸せであるかどうかじゃ。みずからが不幸な者——小我《しょうが》によって不幸である者——には、大我の行動の良し悪《あ》しを、論ずることができぬのじゃ。それが現世ぞ。

現世になぜ、非難、中傷が飛び交うか。それは、非難、中傷する者たちの小我がそうさせているだけなのじゃ。相手がたとえ大我であれ、小我であれ、みずからの小我に反応し小我が苦しむことを、表に表しているだけなのじゃ。

妬《ねた》み、嫉《そね》み、嫉妬《しっと》などもみな同じ。みずからにあるものしか映らぬ。みずからに嫉妬心というものがなき者は、人の嫉妬を見たところで嫉妬と思わぬのじゃ。

自分のたましいが幸せならば、他人の動機を理解できる。
たましいが不幸な人は、非難や中傷、嫉妬しか示さない

私たちが他人を判断するときに生じやすい歪《ゆが》んだ評価は、相手を称讃しているときでもその讃美の中に混じっているのでしょうか。

さようじゃ。なぜならば、そこに依存心があるからじゃ。

ある者を称讃し、崇《あが》めたてまつるのみであるならば、その心の内には「すべてその者にまかせておけばよい、みずからはまるで関係なし」という依存心がある。いわば、他人ごととしてとらえているのじゃ。

ある者の大我《たいが》の行動をまこと讃美するならば、いかにして、みずからそれを支えようかとするはずなのじゃ。

そこに、みずからの大我を注いでゆくはずなのじゃ。

ただ讃美するは、阿呆《あほう》の口でもできるのじゃ。

称讃の気持ちには、その人への依存心がこもりやすい。真に讃美するなら、相手を支える行動に身を捧ぐべき

3
「愛する」とは、神の叡智を「理解する」こと。一度核心を理解すれば無智に戻ることはない。

「愛」という言葉を、私たちはあまりに誤用していたようです。より正しく「愛」の本質を理解するために、「愛」を表す別の言葉があれば、教えてください。

「理解する」という言葉じゃ。
愛とは「叡智《えいち》」。叡智を理解する道じゃ。
何のために愛を学ぶか。
愛は理解してこそ与えるもの。また、与えられるもの。

神の叡智を知ること。神の叡智を理解すること。叡智を養うこと。これがまことの愛じゃ。

小我《しょうが》の愛は、甘えの愛。依存の愛。無智の愛。

まことの愛は、叡智を知る愛。理解する愛。ただそれだけじゃ。

愛するとは理解すること。神の叡智を理解してこそ、本当の愛を与えることも受け容れることもできる

私たちは、とかく愛にまつわることに夢中になってしまいがちですが、「愛」の本質は「理解」というむしろ冷静で理性的なものなのですね。

さよう。

されど、生きることにはみな夢中じゃ。
この現世《うつしよ》に生《あ》れたことも、向上に対し夢中であるからじゃ。
夢中は決して悪いことではない。
小我《しょうが》の夢中に問題があるだけじゃ。
ただひたすらに、叡智《えいち》に対し心ふるわせて夢中になることじゃ。

この世に生まれたのは、たましいが向上に夢中である証。
叡智という目的があれば、軌道を逸れることはない

小我《しょうが》的な経験を通して大我《たいが》を理解していく道は、一歩一歩着実に進む、一直線の道ですか。進んだと思っても、また後退することはありますか。

ある。なぜ戻るのか。その光、核心まで至っておらぬからじゃ。

一度でも核心に至ったことは、戻ることはないのじゃ。

では、なぜ核心に至ることができぬのか。それは経験が足りぬからじゃ。まことの経験を果たせば、後ろには戻らぬのじゃ。

ということは、人は徹底して経験すべきなのじゃ。良くも悪《あ》しくも、徹底して経験すべきであるのじゃ。

経験により大我を見つめ、大我の定義をしかと知り、大我によって生きることがない限り、人は同じ過ちをくり返していくであろう。

なぜくり返すか。理解していないから。ただただそれのみじゃ。

理解をまことした者に過ちはない。理解をして過ちをする者は、理解しておらぬという表れなのじゃ。理解すれば、過ちはないのじゃ。

その大我を広げていくために、人はさまざまな経験を重ねるのじゃ。その経験の痛み、または喜びもなければ、なかなかにして変化は厳しいのじゃ。

中途半端にせず経験を徹底して積み、一度でも大我の核心を理解すれば、二度と過ちは犯さない

4 すべての無智を叡智に変え、人が真に大我を目指せば、この世に本当の幸せが訪れる。

人類という種《しゅ》が続いているうちに、本当に人は、「神我《しんが》の境地」にたどり着くことができるのでしょうか。

もちろん、それを目指して生まれてきておるわけじゃ。そうあるべきである。でなければ、まことの幸せを得ることができぬ。

人が幸せというものをまことと望むならば、必ずその日が来よう。

その日がくれば、この世は大きく変わるであろう。

人類が本当に「神我＝愛」の境地を目指したとき、この世は大きく変化し、本当の幸せが訪れる

私たちが、この地球で「大我《たいが》の愛」を目指して日々を送っていることは、宇宙全体の中で、どんな意味を持つのでしょうか

同じじゃ。この地球だけに神があるわけでもなく、宇宙すべてが同じ。宇宙すべてが類魂《るいこん》であり、神であり、愛なのじゃ。

無智が智に変われば、愛となるのじゃ。智に変わり、愛があれば、すべては変わるのじゃ。

無智がある以上、闇《やみ》なのじゃ。影なのじゃ。傲慢《ごうまん》なのじゃ。

ぬしらのこの星に限らず、神我《しんが》へ向かうということが、まったく同じとは言えぬが、宇宙全体で起こっている。

ぬしらが肉体を持って生きているように、たましいが物質にこもるということが起こっている場もあれば、そうでないこともある。

この星以上に高い智を持つ場もある。

そのように階層の違いはあれど、同じなのじゃ。

宇宙の生命すべてが類魂であり、神であり、愛である。
あらゆる無智を智に変えれば、闇は消え、すべては変わる

私たちが「智」を得て「神我《しんが》」を目指していくことは、有限の世界から神という無限の世界まで、領域を広げていく、ということですか。


その意味、複雑であるな。

たましい自体は、もともとは無限なる世界のもの。

神我を目指すとは、たましいをより高い次元にすることである。

わしが申す「智」は、広い世界を知るための「知」ではないのじゃ。情報というものの「知」ではない。

「智」とは、「叡智《えいち》」とは、たましい、愛を知ることぞ。


「叡智」とは、広く情報や知識を得ることではない。真の愛を知り、世界をより高い次元にすることである

愛の反対語は「無関心」だと言われます。
昌清《まさきよ》様《さま》のおっしゃる「無智」と、
この「無関心」は近いものでしょうか。

近い。無智であるから無関心になる。
智を持てば無関心はなくなる。当然のことなのじゃ。
そしてまた、無関心でいる限り、無智のまま。
すべての悪は、「無智」じゃ。

「無智」こそが一番の悪。無智は無関心を生む。
そして無関心でいる限り、智は得られず無智は消えない

「愛することの真理」へと私たち人間が少しでも近づけるよう、最後のお言葉をお願いします。

ただただ、つねに、みずからがいかようにして生まれ、いかに生きるか、その意義を感じてゆくことじゃ。

日々だけを見つめておれば、日々より外に目が向かぬのじゃ。ゆえ、みずからのたましいを、いずこへ向かってゆくのかと、つねにつねに見きわめること。ただそれのみじゃ。

現世《うつしよ》のみに目を向ければ、現世における価値しか見出せぬ。たましいの喜びにはほど遠くなる。

なぜこのような霊言《れいげん》があるのか。

無智を智に変えるためじゃ。

この世になぜ不幸があるか。なぜ悲しみがあるか。

無智であるからじゃ。

無知を智に変える。
これが幸せの道、まことの道であるのじゃ。

日々だけを見つめていては、たましいの行く先は見えない。
無智を叡智に変え、この世の悲しみを消すのが幸せへの道

あとがき

人生の中で起こるさまざまな問題に直面した時、人はいかにして「真の愛」による正しい判断をするべきか悩みます。そして、一見愛ある判断をしたつもりでも、実のところ、物質的小我の愛をふりかざしていることもよくあるものです。

しかし本書をお読みになった皆さまは、「真の愛」の本質に気づいてくださったことと確信しております。その気づきは大いなる智恵となり、今後の人生に訪れるどのような問題にも、「真の愛」による正しい判断をもたらすことでしょう。


本書ならびに『スピリチュアルメッセージⅠ・Ⅱ』をお読みになられた皆さまの中には、昌清霊《まさきよれい》のメッセージはいかにして送られてくるのかと、興味をお持ちの方も少なくないはずです。

昌清霊のメッセージはすべて、「霊言《れいげん》」という技法で表現されています。「霊言」とは、昌清霊が私の身体を支配し、私の口を使って言葉を現す現象です。

私自身はその間、深いトランス（入神状態）に入ります。と言いましても、私の意識はすべて失われているわけではなく、たとえるならば、うつらうつらと眠っているような感覚です。そして遠くで誰かが話しているのを聞くように、みずからの口から出る昌清霊の言葉を聞いている状態なのです。

これらの「霊言」は、ある日突然に出てきたわけではありません。確かに私は強い霊能力を生まれながらに有しておりました。しかし「霊言」を現すなどの霊能開発を本格的に始めたのは、十八歳をすぎてからのことです。

十八歳になった頃から私の霊能力は顕著に現れ始め、それにより引き起こされるさまざまな霊現象が、日常生活にも支障をもたらすようになりました。当時は霊に関する知識など何もなかったため、みずからの霊能力をコントロールできなかった私は、精神的にも安定した暮らしを送れなくなりました。

そこで私は、霊能力者を訪ね歩くようになりました。しかし、どの霊能力者からも心から納得できるような真実を見出せず、がっかりすることばかりでした。

そうした中で最後に出会ったのが、当時心霊研究者の誰もが優秀な霊媒と認めていたわが師でした。この師により才能を見出された私は、藁《わら》にもすがる思いで師の指導に従い、霊能開発を始めたのでした。

霊能力に悩まされていた私が霊能力を開発したなどと言えば、矛盾しているように思われるかもしれません。しかし、生まれ持った霊能は消せないものである以上、むしろ逆に、より開発することによって、みずからの能力をコントロールできるようになるべきだろうと考えたのです。つまり私は、あまり信頼できない霊能力者にこれ以上ふりまわされないために、みずからの霊能を開発したのでした。

その後の展開は、自分でも意外なものでした。当初の望みにはまったくなかった、霊能力者の道を選ぶことになったのです。

それは、霊能力を開花させる中で、霊界から送られてくる真理の正しさに、しだいに共感できたからです。そしてそれらの真理をこの世の中に伝えなければならないというみずからの役割を、日毎に強く感じるようになったからなのです。

霊能開発の修行は大変に厳しいものでした。師の元で、日々精神統一行（メディテーション）を重ね、その他さまざまな霊能技能訓練も並行して受けました。「霊言」を確立するまでには、招霊実験と呼ばれる訓練を積み重ねました。その訓練は、当時、当代一流と言われていた霊言霊媒のわが師、そして心霊研究界の学者を始め研究者の諸先生方の厳しい指導の中で行われました。

まずは師のもとで「口切り」という訓練を受けました。私に通信してくる霊が、私の身体を通して表現できるようになるためです。

そして次の段階では、諸先生方の元で、それが真の霊言であるかを見定められました。さまざまな厳しい質問攻撃も体験しました。高次元からの通信を送ってくるのは高級霊と呼ばれる古い時代の霊であるため、その霊が現す言葉、内容から、それらが真の霊言か否かを見抜くのは、学識者にとっては容易なことです。

霊言が本物と認められると、今度はその霊言の質の高さを問われます。経験豊かで人格も優れた先生方は、これは高級な霊言であると、安易には認めませんでした。

また、高い人格にこそ高い霊が宿るという霊的法則にもとづき、わが人格に対しても、厳しい指導を日々与えられました。

昌清霊の霊言は、そのようなたゆまぬ努力により現れたものなのです。

そして今、私が努力と情熱を注いできた半生の結果として『スピリチュアルメッセージ』シリーズが、世の中に送り出されることとなりました。

三冊目となる本書の中でも、多くの方々の生きることへの疑問に真の答えを伝え、人生の希望と喜びに役立てていただくことができましたなら、それは私にとってこの上ない喜びであり、私の今までの苦労も報われます。

本書執筆にあたっては、より優れた霊言を伝えるべく、崇高な霊的パワーに満たされた出雲の須佐《すさ》神社の地にて、交霊会を行い、霊言を収録しました。

私を通して語る昌清霊の霊言をこの世に伝えるために、私を霊媒として厳しく育てて下さったわが師と、研究者の諸先生方に、感謝の心を込めて本書を捧げます。

江原啓之

応用編

『愛』についての34のメッセージ

江原啓之 解説

さて、本篇をお読みになってこのページを開いた皆さん、
昌清霊《まさきよれい》からの「愛」についての厳しくも温かいメッセージの数々、いかがでしたか。皆さんが知りたかった真実、
胸に深く届いた言葉はどれだけあったでしょう?
昌清霊の言葉は、そのどれもがいつの時代、
どの世界においても共通する、
普遍的な愛についての真理です。
一方、この現代の日本という国に生まれ、
日々生活している皆さんの中には、今の時代、
この環境、文化の中にあればこその愛にまつわる悩み、
というものが
たくさん解決されずに蓄積されていらっしゃることでしょう。

今回の『スピリチュアルメッセージⅢ』では、
このような皆さんの疑問、悩みの解決の糸口になるよう、
私、江原啓之が、今の日本社会の現状に即したかたちで
昌清霊の言葉をより深く知るための解説をいたします。
解説は、個々の具体的なケースについてのQ&Aという
かたちをとっていますが、これらの問いには、これまでに
『スピリチュアルメッセージⅠ・Ⅱ』の読者の方々から編集部
に寄せられたたくさんの読者カードの中から、
比較的多かった質問や悩みについて、
できるかぎり反映させました。
「愛」の真理はただ一つですから、根っこは同じです。

でも、時代や国が違えば、
学びの方法も問題の表れ方も異なります。
このことを踏まえた上で、皆さんが日々の中で新たな
一歩を踏み出せますように……。
それでは私とともに、ここからの数十ページ、
今の世の「愛」について学んでいきましょう。

1 基本編

他人を自分と同じように、あるいは自分以上に愛するには、どうすればいいのですか。

「類魂《るいこん》の法則（グループ・ソウルの法則）」を理解すればいいのです。

「すべてのたましいは、究極的には一つのまとまりである」ということの法則を真に理解したとき、肉体は別であっても、他人はすべて自分自身であり、同時に神であるということがわかります。そうなれば、一見、自分と切り離されて見える他人を自分と同等以上に愛することが、当たり前のこととしてできるようになるでしょう。これこそが究極の愛のかたちで、イエスや聖フランチェスコ、そしてマザー・テレサが生きた道です。

愛というテーマを考えるとき、すべての問いと答えの核心は以上に尽きると言っても過言ではありません。愛を理解するとは、類魂を理解することとイコールなのです。

愛を本当に理解するためには、経験と感動を数多く積むしか道はありません。昌《まさ》清霊《きよれい》も「小我《しょうが》の愛」という道程《みちのり》を経てこそ「大我《たいが》の愛」に至ることができると、本篇の随所で語っています。

相手への思いやりも、類魂の理解と、自分自身の経験と感動から生まれます。「自分がつらい経験をすると、他人の心の痛みがわかる」と言われるように、人間というのはどんなに頭で理解していても、その裏付けとなるさまざまな経験を味わっていないうちは、究極の愛にたどり着くことは難しいのです。

もちろん、あらかじめ類魂を「頭で知っておくこと」は無駄にはなりません。類魂をたましいから理解できるような経験をしたときに、「ああ、このことだったのか」とすぐさま気づき、たましいに速やかに浸透させることができるからです。

自分は「愛」のつもりでも、相手には「憐《あわ》れみ」や「同情」と受け取られることがあります。この両者の違いは何ですか。

「愛」は、神としての自分、つまり自らの「神我《しんが》」の反応です。

これに対し「憐れみ」と「同情」は、本当の「愛」に至るまでの過程にある感情です。「愛」と同様、相手のことを思いやってはいるのですが、イコールで結ぶことはできません。

このうちの「憐れみ」には、相手を思いやりながらも、みずからは高みに立って見ているようなところがあります。

「同情」は、相手の悲しさにみずからの中の「神の心」が痛んで、そっと手を差し延べたくなること。相手の気持ちを自分のことのように思い味わっているわけですから、「憐れみ」よりは「愛」に近いと言えます。ただし、それは人間としての人情、情けと呼ぶべき段階のものであり、類魂を理解した上での究極の「愛」にはまだ遠いのです。

「同情」にはまた、相手の気持ちそのものを味わっているというよりは、自分自身の中にある、相手と同じ経験やトラウマが反応して生じている場合もよくあります。したがって「神我」の反応である「愛」よりは鈍いものと言えるのです。

「感謝の気持ち」もまた、愛とよく似ているように思えるのですが。

「感謝」とは、愛や類魂というものを深く理解したときに、自然と湧いてくる感情です。なぜなら、類魂を理解すると不安や孤独感がなくなるからです。

人が不安や孤独を感じるのは、自分を小我だけの存在だと思い込んでいるときです。しかし、自分は大我の一部であり、大我の愛の中で生きているのだという霊的真理に目覚めたとき、それらの感情はなくなるはずです。

霊的真理の視点では、感謝と、不安と孤独とは、対極にあるものなのです。

ちなみにこの場合の孤独は、物質的な孤独ではなく、あくまでも心の孤独、たましいの孤独です。現世で多くの人に囲まれ、にぎやかに生きていても、その人が霊的真理を理解していなければ、人生のさまざまな場面で、拭《ぬぐ》いようのない孤独感に苛《さいな》まれるでしょう。

反対に、現世での境遇が見た目には孤独であっても、その人が霊的真理を理解し、感謝の心を持って生きていれば、その人のたましいは決して孤独ではありません。

第3章で昌清霊は、愛の正反対は「無智」だとおっしゃっていますが、「憎しみ」も愛の反対語ではないのでしょうか。

「愛憎」という言葉があるように、現世ではよく愛と憎しみが一対の言葉として扱われています。しかし、憎しみという感情の中には、本人が意識している、していないにかかわらず、実はまだ愛が存在しています。もちろんその愛は、究極の愛とはほど遠い「小我の愛」なのですが。

したがって、究極の愛に近づくまでの中途段階として、憎しみは、無関心や無視よりはずっと希望があるものと言えます。

それにほとんどの場合、憎しみという感情は、相手が本当に嫌いというよりも、「相手に自分をわかって欲しい」という孤独感からきています。その孤独感も、類魂を真に理解することで消えていくものです。

昌清霊は第3章で「無智」と「無関心」は似ていると語っています。マザー・テレサの言葉にも「愛の反対は憎しみではない、無関心です」というものがあります。

他人に対して無関心な人は、自分自身にも無関心です。それゆえ他人を愛せない人は、自分自身をも真の意味で愛することができません。結果、その人は孤独になります。

つまり、孤独こそ「無智」と「無関心」の産物であり、真の愛から遠いところにあるものなのです。

2 家庭・結婚編

自分が生まれ育った家族、結婚した相手の家族、自分とパートナーとで新たにつくる家族。三つの家族には、それぞれどんな意味がありますか。

一生の中で私たちは、一つないし、複数の家族の中で生きることになります。質問にあるように、一つめは自分が生まれ出た家族です。

一緒に暮らす、暮らさないは別として、誰にでも血のつながりのある家族はいます。その中で親などに大切に育てられ、「愛されること」を学びます。中には親に愛されずに育つ人もいますが、それもまた「愛されること」の学びです。愛されることと愛されないことは、昌清霊《まさきよれい》の語る「光と闇《やみ》の法則」「陰と陽」の関係にあり、表裏一体の同じ学びなのです。

次に二つめの、結婚相手の家族。あるいは養子縁組で入った家族。霊的視点から言うと、血のつながりのないこの家族と、生まれ出た家族との間に違いはありません。どちらにしても、狭義の類魂《るいこん》はばらばらな者同士の集まりですし、またどちらも、広義では類魂の仲間同士なのです。

ですから、二つめの家族を一つめの家族と同様に愛することが、どれだけできるかは、自分がどれほどすべての人を家族同様に思えるか、つまり、愛や類魂というものを、どれだけ深く理解できているかの、バロメーターになると言えるでしょう。

そして三つめの、自分がパートナーと一緒につくっていく家族。ここで人は、昌清霊が第2章で語っているように、「現世での育ちがまったく違う筋の者と愛し合い」、小我《しょうが》を削って譲り合うことを覚えながら、二人三脚で歩むことを学びます。

さらに子どもが生まれれば、親が自分にしてくれたようにわが子を愛し、その中で、みずからの愛をさらに大きくふくらませていくことになります。

霊的視点から見て「代理出産」をどうお考えになりますか。

第2章で昌清霊が語っているように、自然妊娠で産もうと、代理出産や人工授精で産もうと、はたまた養子をもらおうと、霊的視点で見れば、必ずその夫婦に霊的な縁のある子が来るようになっています。したがって本来は、いかなる経緯でわが子が来たかの区別に意味はありません。それを考えると、代理出産などをしなくても、養子をもらえばいいのです。

しかしだからといって、代理出産が間違いだと言うつもりはありません。どのようにして生まれた子も、尊い神の子であることに違いはないのです。霊界も科学の進歩をすべて否定してはいません。

また、その科学も万能ではありません。人にはそれぞれ「宿命」、つまり生まれる前に決めてきた人生のテーマ（昌清霊の語る「お題」）があり、子どもに関しても、産むテーマがある人もいれば、ない人もいるのです。どんなに科学が進もうと、その霊的真理の働きまでも覆《くつがえ》すことはできません。あらゆる不妊治療を受けても、結果的に授からない夫婦がいるのはそのためです。

いずれにせよ大切なのは、夫婦が過程の経験を味わい、そこから学び、結果を受け容れることです。

私が養子縁組を勧めても、人工授精での出産を選んだ相談者は大勢います。そのうちの一人は最近になって、「あのときは、とにかく自分で産みたいという気持ちが強くて、がんばってこの子を産んだけど、今思えば、養子に来た子でも同じように愛せただろうなあ」と思うようになったそうです。

「もっと早く、それがわかればいいのに」と思う人がいるかもしれません。しかし彼女は、自分で産むという経験を果たしたからこそ、それを理解することができたのです。経験しなければ、いつまでも悔いが残っていたでしょう。彼女にとって人工授精は、自分のお腹を痛めても痛めなくても、子どもはすべて愛《いと》しいものだと教えてくれた、実に貴《とうと》い経験だったのです。

夫婦仲はとっくに冷めきっていますが、子どもの将来を思うとかわいそうで離婚できずにいます。

離婚しないのは「子どものため」。この言葉を、相談者たちから実によく聞かされます。しかし、これは小我そのものです。

このように思うのは、第一に経済的な理由からでしょう。子どもに貧乏を味わわせたくないというのは、経済という物質にこだわる小我的発想です。

また、子どもが片方の親と離れ離れになることにこだわるのも小我です。一緒に暮らすか否かは物質的な次元のこと。離れていても、一生わが子に愛の念を送り続けることはできますし、実際そうしている親はいます。

「夫と別れたいが、父親を慕う子どもの姿を見ていると、かわいそうで別れられない」という言葉もよく聞きます。それなら父親に親権を譲ればいいのです。是が非でも自分が連れていこうと思うのも、またエゴです。それさえもいやなら、我慢して夫婦のままでいるしかありません。

このように煮えきらない相談者は、往々にしてとことん苦しんでいないものです。本当に切羽詰まった状況にある人からは、そんな甘えた言葉は出てきません。

セックスレスを理由に、妻から離婚を求められました。二人はうまくいっていると思っていたのですが。

セックスレスが理由で別れる夫婦は、実はほとんどが、それ以前に「心レス」になっています。むしろそれこそが、離婚の真の原因でしょう。セックスレスは夫婦の絆《きずな》の致命傷にはなりません。セックスがなくても仲のいい夫婦がいることや、逆にパートナーの性欲過剰が理由で別れたがる人がいることからも、それはよくわかります。

ではなぜ人はセックスをするのでしょうか。それはお互いのオーラを融合させるためです。私たちのたましいは肉体という小我に宿ると、悲しいかな、自分も相手も同じ大我《たいが》の一部だということがわからなくなってしまいます。そのため肉体の交わりという確認作業を通じて相手とオーラを融合し、孤独を癒《いや》そうとするのです。
仲のいい夫婦を霊視すると、オーラが渾然《こんぜん》一体となっています。それはセックスをしているためばかりでなく、お互いの大我が広がった結果でもあります。そうした二人はつねにオーラが融合されていますから、身体のセックスは要らないほどです。

けれどもパートナーと心が通い合っていないと、人は不安になり、孤独を癒したくてセックスを求めます。セックスレスが理由で離婚まで考えてしまうのは、ほとんどがこの不安によるものではないかと思います。

セックスレスゆえに離婚したいと言われたら、不可抗力でセックスできない場合は別として、そうしたパートナーの不安な気持ちを汲《く》んであげていなかったのではと、自分自身をふり返らなければなりません。

そして今からでも、セックスレスだけでなく「心レス」も修復可能なのかどうかを見きわめる必要があります。

3 恋愛編

ただ一人の運命の相手、宿命的な出会いというものは本当にありますか。

世の中には、「運命の赤い糸」で結ばれた「ただ一人の相手」がいるという、ロマンチックな考え方があります。けれども霊的視点で見れば、「ただ一人の相手」などいません。私たちが一生の中で出会うすべての人が、「運命の相手」なのです。

これは、恋愛に限ったことではありません。無数のたましいがある中で、現在この地球上に居合わせているたましいはほんの一部。それでも何十億という人間がいます。そう考えると、ほんの短い出会いでも、それはかなり奇跡的な確率の中で出会った縁なのだとわかります。まして、友人であれ仕事の相手であれ、少しでも長く縁が続くような人たちとは、霊的にとても縁が深いと言えるのです。

もし本当に、ただ一人の宿命的なパートナーと呼べるものがあるとすれば、それはキュリー夫妻のような、心霊学で言う「双子霊《ツイン・ソウル》」のことを言います。

双子霊《ツイン・ソウル》とは、同じ狭義の類魂《るいこん》から同時期に現世に生まれた二つのたましいのことです。(『スピリチュアルメッセージ～生きることの真理』参照。)双子霊《ツイン・ソウル》は、現世では出会わないことがほとんどですが、出会った場合は非常に強烈な絆《きずな》で結ばれます。ただ、夫婦になるとは限りませんし、異性同士とも限りません。

いずれにせよ、その二人は、男女の愛、夫婦愛などの「小我《しょうが》の愛」を超えたより深い愛で結ばれ、社会のため、人類のために、何らかの大きな役目を担っていくことになるのです。

「ひとめ惚れ」というものは本当にありえますか。

私たちのたましいは、自分自身と霊的に非常に縁の深い人と出会うと、敏感にそれを察知します。初めからピタッと波長が合い、強いシンパシーを感じるのです。それがいわば「ひとめ惚れ」です。

ただし同じひとめ惚れでも、自分自身のトラウマや執着を映し出した相手に惹《ひ》かれる場合もあるので、そこは要注意です。その場合は、どんなに惹かれ合ってつき合い始めても、最終的にはいい結果を生みません。やがて互いのトラウマとトラウマが衝突し、傷つけ合う仲となることが多いのです。

その上、そうなってしまってからも、出会いの惹かれ方が強烈だったために「本物の相手だから」と思い込み、いつまでも別れられなくなりがちなので厄介です。

いいインスピレーションとしてのひとめ惚れか、トラウマゆえのひとめ惚れか。その違いは必ず結果に表れますから、そこからの判断には、くれぐれも執着に溺《おぼ》れない冷静さが必要となります。

性愛と真の愛は別のものですか。また、性的な関係から真の愛が生まれることはありえますか。

性愛は「小我の愛」ですから、「大我《たいが》の愛」である真の愛とは、おのずと異なります。「大我の愛」は与えるだけのもの。これに対し、性愛のみの愛は、「自分をかわいがって欲しい」という「小我の愛」です。

質問の後半にある「セックスから真の愛が生まれること」は、ありえるでしょう。友だちの紹介から始まった愛であろうと、肉体的なセックスから始まった愛であろうと、それらは単なるきっかけにすぎません。「小我の愛」に終わるのか、それともお互いに「大我の愛」を育める関係をつくっていけるかは、ひとえに本人たち次第です。

二人以上の人と同時に恋愛関係を持ってはいけませんか。

「二人の人に恋愛感情を持っている」という言葉をよく聞きますが、そういう人は、実は二人とも、真の意味で愛してはいません。どちらの相手のこともまるごと愛しているわけではなく、こちらの人のこの部分と、あちらの人のあの部分が好きというだけ。本当は自分がかわいいだけ、という幼い小我の心からくる、単なるわがままな感情です。

したがって、「二人以上の人と同時に恋愛関係を持ってはいけませんか」という質問自体に矛盾があります。複数の相手と「遊ぶ」ことはできても、真の意味での「恋愛関係」など持てないのです。一人の人のたましいをまるごと受け容れようとしなければ、本当に愛することはできません。

私は恋愛にあまり興味がありません。趣味や友だちに恵まれているので、このまま恋愛などしなくてもいいと思っているのですが。

人間にとって、恋愛は必要なものだと私は思います。第2章にあるように、恋愛自体は「小我の愛」ですが、「大我の愛」への目覚めには大きな役割を果たすものの一つですから、大いに経験すべきなのです。

趣味や友だちに恵まれていることを理由に恋愛せずにいるとすれば、それは恐れを抱いて臆病《おくびょう》になっているのだと思います。あるいは、何らかのトラウマがあるために、傷つきたくなくて怠惰になっているのかもしれません。

たまたま今、好きな人がいないという場合は別として、どんなに夢中になれるものがあっても、どんなに数多くの友人がいても、本当に愛すべき人が現れたなら、「しなければいけないか否か」などと考える余地もなく、自然に惹かれ愛してしまうものではないでしょうか。

ですから「私は恋愛に興味がない」「私は恋愛などしない」などと、決める必要もありません。ただ自然体でいて、出会いがあれば受け容れてみてはいかがかと思います。

先に私は、恋愛は大いに経験すべきと書きましたが、マザー・テレサほどに霊性の高い人は別です。マザー・テレサはイエスを「心の夫」としつつ、恋愛をはるかに超えた、大きな「神の愛」を実践して生きていました。その域まで達していれば、実際の恋愛などもう不要でしょう。しかしなかなか、そこまで到達できる人はいないものです。

相手に拒否されて傷つきたくないので、恋愛ができません。

最近の若い人たちには、こういう人が増えているようです。私はこれを、とても憂えるべき問題だと考えています。「大我の愛」に目覚めたからもう恋愛は不要だ、というならいいのですが、現実は逆で、より自分の小我の中に入り込んでしまっている人が多いからです。

好きな人はいるけれど、傷つきたくない、拒絶されたくないという恐れ。それは、実は自分しか愛せない小我の心です。第2章で、近親相姦は家族という小我にこもり、外へ広がっていけない状態だ、という話がありました。恋愛ができない人もこれと同じで、自分という小我の殻から外へ広がっていけなくなっているのです。

恋愛で大切なのは結果ではなく、人を愛したいと思った動機と、そこから得る経験と感動です。恋愛の経験の中でも、結果を恐れず相手に思いを打ち明けるという経験は、とりわけすばらしいものです。

たとえ、ふられるという結果に終わっても、それは自分が相手の好みではなかったというだけで、傷つく必要など何もありません。その人に選ばれなくても、自分という人格が否定されたわけではないのです。むしろ「自分の本当の相手はほかにいるのだ」というメッセージとして、前向きに受けとめたいもの。自分を愛してくれる人は必ずどこかにいます。

ところが最近は、好きな人がいても打ち明けられないという以前に、異性そのものが苦手という人も増えています。同性愛者である場合は別ですが、これはいよいよ本格的に、自分という個に閉じこもってしまっている状態です。「恋愛できない人が増えていることぐらい、大した問題ではない」と言う人もいるかもしれません。しかし私は、これは人間がより小我的になっていっている現代社会の傾向を端的に表す、看過できない問題だと思っています。

夫以上に自分に合う相手と出会ってしまいました。結婚後に「本当の相手」に出会ってしまうことはありますか。

大いにありえるでしょう。人間は完全な存在ではありませんから、最初の結婚で間違うことはありますし、そうでなくても長く連れ添っている間に、二人の心境はそれぞれに変わっていくものです。

初めは心境がぴったり合って「波長の法則」で結びついていた二人も、どちらかが大きく成長あるいは退化した結果、差が生まれてくれば、足並みは揃《そろ》わなくなっていくものです。もともと別々のたましいですから、関心や感覚がまったく違う方向へ行ってしまう場合もあります。

友人関係でも、「昔はあんなに仲がよかったのに、今はすっかり会わないなあ」という相手はいると思います。嫌いになったわけではなくとも、お互いへの関心や、共通の関心がなくなれば、自然に離れていきます。それはそれでしかたのないこと。どちらかが著しく成長した証《あかし》なら、それは喜ばしいことでもあります。

その場合に、離れてしまった気持ちに素直に従い、理性的な別れを選ぶのは決して悪いことではありません。昌清霊《まさきよれい》も第2章で、結婚や離婚は「かたちの変化にすぎない」と語っています。執着や恨みを持つことなく別れ、次のパートナーとまた新たに経験と感動を積み、人生を豊かにしていけばいいのです。

同性同士の恋愛は、異性間の恋愛とは別のものでしょうか。

かたちとしては別のものであり、心の上では同じと言えるでしょう。

恋愛を異性とするか、同性とするかは、その人の今生《こんじょう》のカリキュラムの問題です。異性愛が当然とされる現世で同性愛を貫こうとすれば、そのための試練もあるでしょう。それを乗り越えようとする過程で、異性愛の人以上に愛というものを深く考え、大きな感動を得ることにもなるでしょう。それらすべては、本人が経験として選んだ学びなのです。

同性愛者になるのは、私がこれまでに霊視した中で言えば、前世において同性愛的な環境の中にいた人が多いようです。日本で言えば御稚児《おちご》さんだったり、大奥にいたりといった経験がたましいの記憶にあり、それが今生の恋愛にも表れているわけです。

ちなみに、性別があるのはこの世で肉体を持っている間だけです。肉体に入る前のたましいには、性別がありません。

さらに、どの人の類魂にも、その膨大な記憶の中には男性としての経験も、女性としての経験もありますから、身体の性とは異なる特性が心に表れてもおかしくはないのです。

たいていは身体の性に心の性意識が一致しますが、中には異和が生じる人もいて、現世の生活にさまざまな悩みを持つことがあります。しかし、それも無意味に起きることではなく、そこに「セクシャリティを見つめる」という、その人の学びのテーマがあるのです。

最近急増している「ストーカー」行為は、何が原因なのでしょうか。

ストーカー行為に走るのは、たましいが萎縮《いしゆく》しているからです。傷つくことを恐れ、内へ内へとこもる結果、歪《ゆが》んだ行為に走ってしまっているのです。

たましいに健全な活力があれば、恋人が欲しいとき、たとえ好きになった相手に受け容れられなくても、また次の恋愛に向かい、次も受け容れられなければさらに次をというふうに、どんどん気持ちを外に向けていけるものです。

けれども最近は、ずっと同じ相手に執着し続ける人が、男女ともにあまりにも増えています。一度拒絶されたら、もうこれ以上傷つきたくないという防衛反応が働くのでしょう。しかも、自分の中にある、そうした恐れにさえ気づいていないことが多いようです。

そのような人が本当に愛しているのは、相手よりも自分です。自分の寂しい心の闇《やみ》をかばい、溺愛《できあい》しているのです。その結果、執着の対象となっている相手が、その人の実像からかけ離れていくことも珍しくありません。寂しさのあまり、空想上の相手をふくらませていくのです。

ストーカーの増加には、人間同士の関わりの薄さや、人との関わりに不器用な人が増えていることが、深く関係しています。まさに、現代の病理と言える現象です。

4 人間関係編

第一印象で親しみを感じた人とは、あとで実際に仲良くなることが多いものです。それはなぜでしょうか。

すべての人は共通の「神我《しんが》」を持っていますから、人間は本来、誰にでも親しみを持てるものです。

しかし、その中にも「霊質」という、たましいのカラー、系統とでも呼ぶべきものがあります。ある特定の人に第一印象から自然と心惹《ひ》かれるのは、相手の霊質が自分と近い場合が多いでしょう。「波長の法則」により、似た者同士が惹かれ合うのです。

この世のすべてのたましいを、オーケストラにたとえてみましょう。ヴァイオリン、チェロ、パーカッションといった楽器ごとのグループが、同じ霊質の仲間です。オーケストラ全体が一つのまとまりではありますが、ヴァイオリンならヴァイオリン同士のほうが、当然ながら心が通いやすくなります。

しかし、小さなグループ内だけで仲良くしていればいいかというと、そうではないはずです。ヴァイオリンだけ、パーカッションだけでは、いくらいい音を揃《そろ》えることができても、シンフォニーは奏でられません。やはり、すべての楽器が調和してこそ、すばらしい演奏ができるのです。

ヴァイオリン同士を狭義の類魂《るいこん》とすると、オーケストラ全体は広義の類魂。他の楽器との調和を志向し、広がっていく愛が、本書のキーワードである「大我《たいが》の愛」なのです。

占いで言う「相性」の良し悪しは、本当にあるのですか。

相性、相性と気にする人は多いようです。確かに、先述の「霊質」などにより、気が合う、合いにくいということはあります。

しかし基本的にお互いの人格、霊格が高ければ、相性など関係ありません。すぐれた霊格の持ち主は、誰とでも調和していけるものなのです。

もちろん、どうせつき合うなら気が合う相手がいいと望むのは、人間の自然な感情でしょう。しかしだからといって、それを現世で貫き通すことはできません。誰しも孤独には生きられませんから、必ず気の合わない人とのつき合いが出てきます。社会で仕事を持っていれば、なおのことです。

それをただうまく避けようとか、無難にやり過ごそうなどと思うのは、霊的視点では間違いです。なぜなら人生において、意味のない出会いはないからです。

すべての出会いが必然であり、どの相手も、自分のたましいを磨いてくれる、ありがたい先生たちです。相性うんぬんを気にするよりも、その人との「出会いの意味」を考え、正面からその相手とつき合うことで多くを学び取り、成長の糧《かて》としていくべきなのです。

尊敬という感情はどこから生まれるのでしょうか。

人間が何かに心惹かれ、感動を覚えるのは、そこに「神」を見るからです。

人は「神我」を持った存在、言い換えれば神の一部なので、遠いふるさとを恋い焦がれるように、私たちのたましいは、神の光をどこかでつねに追い求めているのです。


そのため私たちは、あらゆる芸術、感動的な物語、自然の美しさなどの「真・善・美」にふれると、そこに宿る神の光にたましいが感応し、喜ぶのです。

ある人物に対して尊敬を感じるのも、その人の「神我」に感応するからです。自らの中にある小さな、あるいは眠っている「神我」が、人一倍「神我」の光を大きく輝かせて生きている崇高なたましいの持ち主に惹きつけられ、そのあとを慕っていきたくなるのです。

こうした尊敬を、「たましいの先輩」と呼ぶべき存在への感情とすると、人にはまた、「たましいの後輩」的な存在に対する慈愛という感情があります。

慈愛とは、自分がこれまでにしてきたような経験をあとからなぞって生きている人を、愛《いと》しく思う気持ちです。これは、相手の今の状況や気持ちを、自分が重ねてきた悲喜こもごもの経験からよく理解できるときに芽生えます。ですから、みずからの経験と感動が多い人ほど、慈愛の気持ちも持てるものです。

昔に比べ現代は、人間関係そのものを結べなくなっている人が増えているように思います。何が原因でそうなるのでしょうか。

人間関係を避けている人の中には、たまたま何かいやなことがあって人が煩わしくなり、ただ一時的に人を避けているだけの人もいます。そういう人は、代わりに動物や自然を愛していたりして、一見変わり者のようではあるものの、案外いい人が多いものです。

しかし最近増えているのは、「たましいの萎縮《いしゅく》」による、自分自身への引きこもりです。何らかのきっかけで他人そのものが恐ろしくなり、自分の殻に閉じこもってしまうようになるのです。最近急増している、いわゆる「引きこもり」は、心の引きこもりを実際の行動に移してしまうほどに、「たましいの萎縮」が高じてしまった人たちなのです。

一方で、これとは逆に、見た目には友人が多くても、真の人間関係が結べないという人も増えています。楽しげな友だちの輪に入りながら、真の友だちが得られない寂しさを抱える人たちは、若い人にもとても多いようです。

しかしそこには往々にして、仲間外れになりたくない、一応友だちがいたほうが安心、といった小我《しょうが》的な打算、いわば「失うことの恐れ」があります。本書の「はじめに」に書いたように、「失うことの恐れ」が働くのは、人間が霊的存在であり、すべての人が類魂であるということが、わかっていないためです。

真の友人がいないことが寂しいなら、まずは自分から、本当の友だちになることが大切です。自分が友人たちと真に関わっていないと、「カルマの法則」により、誰からも真に関わってもらえなくなるのです。

「くされ縁」は、なぜあるのでしょうか。

ほとんどの場合、それは「小我の愛」です。

本当は嫌いだけれど、この部分に関してはつき合っていたほうが得だから、といった打算。別れたいけれど、孤独になるのが怖いから離れないでおこう、という打算。これらはすべて、小我からくる「怠惰」です。

ただ、結局のところは仲がいいために離れられない「くされ縁」も多いものです。友人、親子、男女など、どのような関係にもそれは見られ、男女の場合では「犬も食わない」などと言われたりします。

誰よりもその相手と波長が合うのだけれど、どうしても許せない部分がある。それで離れてはみるものの、結局また仲が戻ってしまう。それをくり返す様子は、人間として微笑ましくもありますが、やはりその中には、相手を何がなんでも自分の色に染めようという小我が働いてはいるでしょう。

5 自己愛編

まわりの評価が気になり、ちょっとしたことで「どうせ自分なんか……」と自信をなくしてしまいます。

こういう人は、本当はそう思っていないことがほとんどです。実は、自分をもっとわかって欲しい、認めて欲しいという気持ちで、そのように愚痴っているのです。誰かに「そんなことはないよ。あなたは立派にやっているよ」と言ってほしくて、甘えてだだをこねているのです。特に、口に出して言ってしまう人はそうでしょう。

しかし、心の中でそう決め込み、口にも出さないでいる人は、自己卑下もやや重症になってしまっています。

霊的視点で見ると、自分を卑下するのは、他人を非難するのとまったく同じことです。ひいては神を非難することにもつながります。

すべてのたましいは類魂《るいこん》であり、神の一部。ですから自己否定は他人の否定、神の否定とイコールなのです。

親に愛されていないのではないかという幼少期のトラウマから、自分がときどき無価値に思えます。

育ってきた過程の中で、親などの愛をあまり受けられず、健全なプライドを持たされなかった人は確かにいます。でも、一人前の大人になってもそこで停滞してしまっているのは、本人に感性のないことの表れです。

私はいつも「十パーセントの愛に気づけない人は、百パーセントの愛にも気づけない」と話しています。今生きているということ自体、数々の人に愛されてきたことの何よりの証拠です。赤ん坊のときは、おしめを替えてくれた人がいたでしょう。ぎゃあぎゃあ泣き喚《わめ》いても、まわりの大人たちはみんな笑って我慢してくれたでしょう。抱き上げてあやしてくれた人もいたはずです。それ自体、たくさんの人たちに受け容れられ、愛されて生きてきたということなのです。

また、いかに愛されずに育った人でも、その埋め合わせは大人になってから必ずできます。

現実の生活の中では、誰かとの愛ある関係を、みずからの意志で築くことができます。精神面においても、霊的真理を学んでいけば、いつでも守護霊や類魂といった霊的存在、ひいては神に愛されているという叡智《えいち》を得ることができます。

自分から心を閉ざさない限り、孤独で寂しい人など一人としていないのです。

自分のためにならないと思いつつ、ついい自分を甘やかしてしまいます。

自分を甘やかし続けていれば、この世では必ず弊害が起きます。他人との衝突であったり、自分のわがままが通らなくなるような逆境に陥ったりと、さまざまな経験をすることになるでしょう。

そのつど「なぜこうなったのか」と悩み、自分勝手な生き方を軌道修正する必要に迫られるようになるはずです。そのとき気がつかなければ、次の出来事で気がつかされるでしょう。「カルマの法則」は、まるで「過保護なお母さん」のように、本人が真に気づくまで、手を替え品を替えシグナルを送ってきます。守護霊が成長を見守ってくださっている限り、自分の小我《しょうが》（狭い自己愛）を少しでも大我《たいが》（他人への広い愛）へと変えていかなければならなくなるような出来事が、必要なくなるまで、いつまでも次々と用意されるのです。

そうした経験のバリエーションを重ねていく中で、自分自身だけでなく他人をも愛すること、思いやること、調和していくことの大切さがわかってくるのです。

自分には受け容れがたい過去があり、しこりとして今も残っています。

自分自身にとっての過去の「意味」がわかっていないから、愛せない、肯定できないということになるのです。いいことも、悪いことも、失敗も、それが自分を成長させてくれたのだとわかれば、愛せるはずだと思います。

人生に、自分にとって不必要なことは絶対に起きません。過去に経験したことにも、必ず意味と学びがあるのです。それを受け容れられないのは、その経験が自分にもたらしてくれた成長に気づいていないため。あるいは、そのカリキュラムを精一杯こなさなかったために、不完全燃焼になってしまっているからです。

また、過去を真に受け容れるには、つねに物事を霊的視点で受けとめなければなりません。

たとえば世の中には、受験の失敗を機に挫折《ざせつ》してしまった人は多いものです。子どもの頃からすっと出来がよくて、まわりに「おまえは大した子だ」とほめられながら育ってきた人に特に多いようです。不合格というたった一つの失敗を機に、突然「今までの自分は何だったのだろう」と思い始め、すべてを否定された気になり、自分の中に閉じこもってしまうのです。

しかし、そこで「受験の失敗」自体にこだわり続けるのは物質的な視点。そうではなく、その経験が自分に教えてくれたこと、目覚めさせてくれたことを大切にするべきです。さらに「自分も間違うことのある一人の人間なんだ」と肩の力を抜くことができたなら、それによって大きく柔らかくなった心が、その後の人生をどれだけ豊かにしてくれるかわかりません。

誰にとっても自分の過去は、霊的視点での意味を真に理解できれば、必ずや感謝すべき、ありがたいものなのです。

自分の夢や理想を貫いて生きようとすれば、愛する人を不幸にしてしまう恐れがあります。その場合、それでも自分を貫くのはわがままでしょうか。

これは質問自体が傲慢《ごうまん》です。愛する人であろうと、その人には自分とは別の、その人自身の人生があるはずです。自分の進みたい方向がみずからの夢や理想にあり、その選択が愛する人に迷惑をかけそうであるなら、その人を巻き添えにすべきではないでしょう。

別れてもその相手には、いずれ新しい出会いがあるでしょう。それなのに、相手の責任をあくまでも自分がとらねばと考えるのは、「背負《しょ》ってる」としか言いようがありません。

また、相手が夢を理解してくれず、「あなたがいなければだめ」と無理に引き留めるのだとしたら、その相手の愛もまた「小我の愛」だと言えるでしょう。

6

博愛編

どうすれば愛に満ちた平和な世界になりますか。今この場で、私たち一人一人にできることは何ですか。

平和に寄与する行動をとること、平和を祈ることは大事なことです。しかし、身近なところに目を向けることも、とても大切です。自分の家庭、職場、友人関係、そして自分の心の状態――。これらすべてに平和のない人が、いきなり大きな平和を願うのは矛盾しています。一人一人の平和こそが、世界平和の基盤なのですから。

家庭の平和も、世界の平和も、「類魂《るいこん》を理解すること」によって真に実現します。相手は自分であり、自分は相手である。相手を愛することは自分を愛すること。相手を傷つけることは自分を傷つけること。霊的価値観によりそれが理解できたとき、おのずと平和は訪れます。

別の言い方をすれば、霊的価値観によってしか、本当の平和は訪れないのです。

戦争や差別がなくならないのはなぜですか。

戦争がいけないことだというのは、子どもでもわかることです。ではなぜ大人になると、戦争を正当化するようなことを語り出す人が出てくるのでしょうか。

それは結局、この物質界をすべてとする「現世至上主義」が原因です。人間の本質は霊的存在であり、すべての人は類魂であるという「霊的価値観」からは、戦争は起きません。「現世至上主義」ゆえにこそ、人は「物質主義的価値観」に陥り、領土や資源や人命の奪い合いに血道を上げてしまうのです。

「現世至上主義」のもとでは、人は「小我《しようが》の愛」に走ります。わが国、わが民族、わが宗教は愛するけれど、それ以外は無関心。そして自分のいる側と少しでも利害が対立すれば、他を否定し、憎しみを持ちます。

しかし霊的価値観では、国や民族、宗教が違う同士であっても、すべては同じ類魂です。類魂である以上、人が人を裁くことはできません。戦争につきものの「やられたらやり返す」という考えは、野蛮そのもので、何の解決にもならないのです。

戦争を平気で正当化する人は、戦争はいけないことだと本心から思っていません。差別にしても同じです。

人間は、それほど無智で無関心なのです。すべての人が霊的真理をしっかりと理解していれば、戦争も差別も起きようがありません。

違う宗教、違う「神」を信じる者同士が平和を分かち合うことはできるのでしょうか。

すべての人が、一つの同じ真理に目を向ければ、お互いを理解し合うことは簡単です。たとえ宗教的価値観が違っていても、そのもとはまったく同じ霊的真理だということがわかっていれば、そして、人として尊重し合う気持ちがあれば、悲惨な宗教戦争は食い止めていけるはずなのです。

しかし異なる宗教観、世界観を持つ者同士が、それぞれに自分たちのそれを唯一正しいものとして固執した状態では、今の世界情勢を見てもわかるように、理解し合うことは難しいでしょう。

さらに大きな問題は、宗教の中に人間が混在させている物質主義的価値観です。「神」を語る人の視点が結局、物質主義的価値観にあったときに、重大な間違いが起こります。

どの宗教も、本来の霊的価値観のみから成立している状態であれば、たましいのあり方しか問題にはしないはずです。しかし「神の教えを広める」という大義名分のもとに、一人でも多くの信者、少しでも多くの領土を得ようとしているのが、現実の宗教の姿ではないでしょうか。分量を多くすることを望むのも、物質主義的価値観の表れなのです。

昌清霊《まさきよれい》はくり返し語っています。現世においては、傲慢《ごうまん》という影をどんなになくそうとしてもなくならない。そして、少しでも隙《すき》があれば大きくなってしまうと。「神」「真理」を語る宗教も同じ。物質主義的価値観が混入しているからこそ、「神」が肯定するはずのない、戦争まで起きてしまうのです。

遠い国で、戦争や貧困などに苦しんでいる人たちが大勢います。その人たちに対して、私たちにできることは何でしょうか。

遠く離れたところからでも誰でもできることは、当然ながら「物質面での支援」、そして「祈り」です。

食糧や物資を送る、お金を寄付するといった具体的な策は、確かに大切です。しかし、それら物質的なことだけを重視するのもまた、物質主義的価値観と言えます。もし、そうしたことだけが彼らに対する愛だとしたら、寝たきりの人は、何もできないことになってしまいます。大切なのは、具体的な物量をどれだけ与えたかではなく、どれだけの愛を込め、祈りの思いを送ったか、なのです。

祈りは大切です。祈ることは寝たきりの人にもできます。祈りの力、人間の念の力をおろそかにしてはいけません。世界の数十億の人たちが一度に同じ思いで祈りを捧げたなら、それがどれだけ大きな力を発揮するかは、計り知れません。

ところで、世の中には重い障害や意識のない状態ゆえに、祈る行為さえできない人たちもいます。しかし彼らは、その存在自体が十分「祈り」になっています。彼らが生きているのは、表面の意識状態はどうあれ、奥底にあるたましいが必死に生きようと働いていることの表れです。そうした懸命さが周囲にも勇気を与えていること自体、貴《とうと》い祈りに匹敵するのです。

もう一つ、ぜひ行っていただきたいとても大事なことがあります。それは「霊的視点を伝えること」です。「物質面での支援」と「祈り」だけでは、相手のたましいまでは変わりません。「霊的真理」という贈り物こそが、人間の価値観を大きく変え、たましいからの平和と幸せをもたらすことができるのです。

愛の視点から、地球を大事にすること、環境問題への対処法を教えてください。

地球上に存在する鉱物、植物、動物は、すべて霊性進化の途上にあります。(『スピリチュアルメッセージ〜生きることの真理』参照。)そのどれもが、「神我《しんが》」を持つ人霊への進化を目指して向上している存在なのです。

それらすべてが、広い意味での類魂です。私たちが鉱物から元気をもらうのも、植物や動物と接していて癒《いや》されるのも、みな類魂だからです。

中でも動物は、もっとも人霊に近い存在です。ただし人間と違い「大我《たいが》=神我《しんが》」がありません。動物には自己保存の小我しかないのです。しかし大我を持つ私たち人間と接すれば接するほど、大我に近い小我へと変化し、動物としての転生をくり返すうちに、やがて大我を宿す人間として生まれてくるようになります。人間が動物を飼ったり育てたりするのは、彼らの霊性の進化を手伝うボランティアのような行為なのです。

地球の未来、環境問題を考えるときには、このような広い意味での類魂という視点が欠かせません。すべてが類魂だとわかれば、森林伐採も、環境汚染も、自殺行為に近いことだとわかります。私たちは、無智と無関心の中で進めている、大規模な自殺行為を自覚するべきです。

亡くなった人への思いは届くものでしょうか。また、自分の死後、あの世から家族に愛を伝えることはできますか。

自分がいるこの世から、亡くなった人へ思いを送ることはできます。肉体を脱ぎ捨てた霊魂は、生きている私たちの念をもすべて感知できる状態になりますから、こちらが思ったことはすべて受け取っています。だからこそ、供養は大事なのです。それも、お金をかけての供養ではなく、心からの思いをこめた供養でなければ意味がありません。

自分の死後、生きている遺族に思いを送ることも可能です。ただし、人間のほうは鈍い肉体にこもっていますから、伝わり方は間接的になります。

あの世に帰ったたましいと、この世の人間との意思疎通は、心霊研究の歴史の中で、さまざまなかたちで証明されています。臨死体験者による数多くの証言もあります。将来、より明らかなかたちで証明される時代がくるでしょう。

私たちを見守ってくださる霊的存在に対して、どう感謝したらいいのでしょうか。

大霊《たいれい》（神）は自分自身です。ですから、まず大事なのは自分を愛すること。そして、すべての人が大霊（神）ですから、他人も愛することです。

もう一つ大事なのは、霊的に成長することです。すべては類魂である、という霊的真理の完全な理解に、たとえ一歩ずつでも近づいていくことが、大霊（神）の大きな愛に、少しずつでも報いていくことになります。

自分を愛し、すべての他人を愛し、霊的に成長する——。未熟な私たちにはそれ自体が大変なことですが、しかし、本当に大事なのはそこから先です。

一人一人が「責任主体」となって世の中を変えていく手伝いをすることこそが、大事なことなのです。

「たましいの乱世」である今の時代、それはまさに急務です。物質主義的価値観を霊的価値観へ変えていくことによってしか、本当の意味での個人の幸せも、世界の平和も訪れません。

すべての人が、何かできるはずなのです。私たちは、みな大霊の一部であり、神がつくった「平和の道具」であるからです。「救世主」なる人物の出現を待ってみても、永久に現れはしません。救世主は、私たち一人一人です。

本書などにより、霊的真理、すなわち「愛」を理解することは、私たちが「平和の道具」として働くための、大切な準備の一つなのです。

本書は、２００３年12月、飛鳥新社から単行本で刊行された
『スピリチュアルメッセージⅢ——愛することの真理』を文庫化したものです。

祥伝社黄金文庫

スピリチュアルメッセージⅢ
——愛《あい》することの真理《しんり》

令和4年12月20日　初版第1刷発行

著　者　江《え》原《はら》啓《ひろ》之《ゆき》
発行者　辻　浩明
発行所　祥伝社《しょうでんしゃ》
〒101－8701
東京都千代田区神田神保町3－3
電話　03（3265）2084（編集部）
電話　03（3265）2081（販売部）
電話　03（3265）3622（業務部）
www.shodensha.co.jp
印刷所　萩原印刷
製本所　ナショナル製本

本書の無断複写は著作権法上での例外を除き禁じられています。また、代行業者など購入者以外の第三者による電子データ化及び電子書籍化は、たとえ個人や家庭内での利用でも著作権法違反です。
造本には十分注意しておりますが、万一、落丁・乱丁などの不良品がありましたら、「業務部」あてにお送り下さい。送料小社負担にてお取り替えいたします。ただし、古書店で購入されたものについてはお取り替え出来ません。

Printed in Japan　©2022, Hiroyuki Ehara　ISBN978-4-396-31833-8 C0195

祥伝社黄金文庫

スピリチュアルメッセージ――生きることの真理

江原啓之

たましいの声に静かに耳を傾けてください。

●この世に目的なく生まれてくる人は誰一人いない●この世で出会うすべての人との縁には良くも悪くも学びがある●運が良い人と運が悪い人の境目は「思い」の強弱の差●失敗を恐れずに精一杯生きることが幸せへの近道（目次より）

スピリチュアルメッセージII――死することの真理

江原啓之

死後を知ることで、充実した人生を勝ち取る道が開きます。

●死を受け容れていれば望ましくことが運ぶ●老いや病は、あの世の光に帰結するための準備。忌み嫌うべきではない●あの世とこの世は光と影の関係●日々の暮らしのなかに、「自分の生まれてきた目的」は示されている（目次より）

スピリチュアルメッセージIII――愛することの真理

江原啓之

幸せの第一歩は真実の愛とは何かを知ることです。

●愛には大我の愛と小我の愛がある。大我の愛はただ与えるのみの「神の愛」●人間の一生は帰属意識を外して愛を広げていく学びの道●人生の中でくり返される出会いと別れの意味●愛するとは、神の叡智を理解すること（目次より）